por Dominic Martínez, de 14 años de edad

Navidad
TRADICIONES ARTESANALES INDO - HISPANAS I

Libro de actividades basadas en temas culturales
para todo el año escolar, con énfasis en la Navidad

Texto bilingüe

Estudios sociales

Folklore

Actividades de aprendizaje cooperativo
Grados kinder hasta adultos

texto e ilustraciones de

BOBBI SALINAS

versión en español de

LARRY MILLER y PAULA TERRERO
ISBN 0-934925-03-8

ISBN 0-934925-03-8
5ª edición, junio de 1994
Distribuidos a librerías, escuelas, y bibliotecas por
Teacher's Discovery

Diseño del libro Bobbi Salinas
Fotographía Jake's, San Francisco (Lámina número 1)
Fotographía de John D. Lujan (Láminas números 2-28)
Tipografía: Jonathan D. Dailey

Diseñadores de la cubierta de libro:
Diane Chownyk, Skip McWilliams, y Bobbi Salinas
Arbol de la Vida
Artista desconocido
Cerámica Policromada
Fotographía de Harry Wade
Colección del Museo Mexicano, San Francisco, California

Para obtener más copias, llame o escriba a:
Teacher's Discovery
2741 Paldan
Auburn Hills, MI 48326
1-800-TEACHER

Agradecimientos

La autora y editora quiere agradecer a Sonia Lomelí, una pastora, su actitud crítica y ayuda editorial, y a Reeve Love, mi ángel de la guarda y editora final. Es gracias a sus sensibles esfuerzos que esta obra ha adquirido su forma actual. Catherine y Alcides Rodríguez tradujeron la versión original. Larry Miller y Paula Terrero guiaron la versión revisada del inglés al español con "buen espíritu". Un sinfín de amigos también me proporcionaron comentarios sumamente útiles. Con respecto a éstos, quisiera mencionar a Jacqueline Dunnington, cuyo cariño y cuya consideración fueron un bono especial; Adriana Arzac, Laura & Marcela Cado-Elías, Elvira Desachy, Megan McKenna, Delilah Montoya, Victoria Plata, Guadalupe Tafoya, Adrián Treviño, y Jim Wright. Estoy muy agradecida a Miguel Caro, y a Jerry Velarde-Hopkins, guitarrista de los matachines de Bernalillo, por compartir sus conocimientos sobre la danza dramatizada; y a los espíritus enmascarados quienes mantienen vivas las tradiciones del viejo mundo. Finalmente, reconozco a los estudiantes a quienes deseo alegría en el sentir, el saborear, el ver, el oír y el recontar la historia de su cultura.

A mi hermana y cuñado, Edna y Luís Ponce, con quienes siempre puedo contar.

por Colleen Salinas-Gatley, de 11 años de edad

INDICE

Prefacio iii

EL FOLKLORE EN EL AULA DE CLASE 1

TRADICIONES NAVIDEÑAS 3

LA GUADALUPANA 5

      Disfraces alusivos al milagro 7

      Rosas de Tepeyac 8

LOS   MATACHINES 9

      Vestuario de los Matachines 11

      Coreografía 13

LAS   POSADAS 19

      Vestuario de las Posadas 20

      "Buscando albergue 22

AGUINALDOS 23

LA PIÑATA 25

      "Al romper la piñata", canción 26

      Piñata "Estrella de Belén" 27

NOCHEBUENA 29

      ¡Sí, es Nochebuena! 29

      Oremos 29

EL NACIMIENTO 30

      Figuras hechas con tarjetas de fichero 30

      ¡Jesús, María y José! ¡Qué móvil! 31

      Figuras hechas de arcilla 32

FLOR DE NOCHEBUENA (Un regalo azteca al mundo) 34

      Flor de Nochebuena hecha de hojas 34

ÁNGEL 36

      Ornamento en forma de ángel 36

      Disfraz de ángel 37

SAN NICOLÁS Y SANTA CLAUS 38

      Disfraz de Santa Claus 38

      Disfraz de reno 40

EL DÍA DE LOS REYES MAGOS 41

      Disfraces de los Reyes Magos 41

EL   MAÍZ 43

      Guirnaldas hechas de hojas 44

ESTANDARTES DE PAPEL PICADO 46

EL ÁRBOL DE LA VIDA 46

Arbol de la vida (con Nacimiento en el centro) 49
EL ARTE DE TRABAJAR CON MASA DE PAN 51
Receta tradicional para hacer masa de pan (migajón) 51
Ornamentos hechos de masa de pan 52
FAROL HECHO DE HOJALATA 54
LUMINARIAS Y/O FAROLITOS 55
OJO DE DIOS 57
ESTAMBRES PINTADOS AL ESTILO HUICHOL 59
Ornamentos estilo Huichol 59
LA ROSCA DE REYES 61
LOS BIZCOCHITOS DE MAMÁ 63
BUÑUELOS (Pan frito) 64
Buñuelos "al minuto" 64
SOPAIPILLAS 65
EMPANADITAS 67
ATOLE 68
Atole de leche 68
Atole de piña 68
EL CHOCOLATE
(Un regalo de los mayas, los toltecas, y los
aztecas para al mundo) 69
"Chocolate," Verso Infantil 69
Bebida mexicana de chocolate caliente 70
Bebida de chocolate caliente de Nuevo México 70
EL PAVO (GUAJOLOTE)
(Un regalo indo-hispánico para el mundo) 71
VOCABULARIO DE NAVIDAD 72

Para encontrar las secciones siguientes, consulte la versión en inglés:

Materiales de referencia
Libros infantiles sobre la Navidad
Bibliografía

Prefacio

El propósito de esta obra, *Indo-Hispanic Folk Art Traditions I/ Tradiciones Artesanales Indo-Hispanas I*, es el de promover el conocimiento y la comprensión de una festividad importante y de la manera en que se celebra en las comunidades indo-hispánicas,* así como también de las artesanías y tradiciones folklóricas que han caracterizado su celebración desde la antigüedad hasta nuestros días. Las tradiciones del pasado y del presente convergen en una experiencia artística en la que se combinan lo utilitario, lo grotesco, lo delicado y lo grandioso. En las celebraciones religiosas y en las fiestas hay una abundancia de colores llamativos que da testimonio de una riqueza imaginativa, una pasión hondamente sentida para los festejos y un desafío apacible contra el comercialismo moderno.

Las artesanías, entendidas como el arte de origen indígena y mestizo (descendientes de indígenas y españoles), adquieren su sentido y vigor de los artesanos, quienes no consideran necesariamente los productos de su trabajo como arte, sino como objetos utilitarios de uso cotidiano, dignos de ser adornados. Estas artesanías representan nuestro vínculo cultural más fuerte con el pasado. Desafortunadamente, cada vez más las vemos reemplazadas por objetos plásticos de producción industrializada que carecen totalmente de la imaginación vibrante, de los estilos regionales y del toque personal de los objetos hechos a mano.

En las últimas décadas, artistas, antropólogos y algunos organismos gubernamentales han venido realizando esfuerzos para contrarrestar esta tendencia hacia la esterilidad artística, mediante la producción y distribución de objetos fabricados por artesanos.

La confección de disfraces abre nuevas perspectivas para la imaginación artística y estimula las oportunidades del trabajo de improvisación y de las actividades de aprendizaje cooperativo. Los disfraces y escenarios que se incluyen en este libro pueden adaptarse fácilmente para muchas producciones dramáticas, en que se pueden incluir obras históricas y contemporaneas. Algunas son fáciles de hacer; otras, para estudiantes o personas mayores, pueden presentar un reto. Las instrucciones para hacerlas están acompañadas de dibujos, diseños y/o fotografías.

---

* Este término denota la combinación de los elementos ancestrales indígenas y españoles que comparten la mayoría de los pueblos de habla hispana en las Américas.

EL FOLKLORE
EN EL AULA DE CLASE

La sola mención del folklore* dentro del aula de clase evoca imágenes de Johnny Appleseed, cuentos de hadas y mitos que carecen de sentido para la mayoría de los alumnos indo-hispanos. La reacción más común es "¡Ay, folklore, qué aburrido!" Podría parecer que la palabra "folklore" se relaciona únicamente con algo errado o con gente rústica y sin educación. Los medicamentos "folklóricos," por ejemplo, carecen del respeto que tienen los medicamentos "científicos." Para combatir estos prejuicios, lo mejor es el contacto directo con el folklore, cuyo verdadero valor no tarda en hacerse evidente.

Quizá la manera más efectiva de introducir el folklore sea por medio de actividades que demuestren que las experiencias de nuestra propia vida se pueden considerar legítimo folklore. Podría asignarse como tarea escolar, por ejemplo, la preparación de una reseña autobiográfica que incluya los antecedentes etnológicos de cada alumno. La reseña puede hacerse en diferentes formas. Podría incluir canciones y cuentos folklóricos; chistes, mitos y leyendas que los alumnos hayan escuchado; juegos, bailes u otras tradiciones de familia; o tradiciones que los alumnos hayan aprendido a través de su participación en la vida de su comunidad.

A los estudiantes de mayor edad les encanta escribir sobre las cosas que conocen y que les interesan. En el caso de alumnos de menor edad, que no pueden escribir sus reseñas, el maestro o la maestra puede escribirlas al dictado. En ambos casos, el proceso es de mayor importancia que el producto. El énfasis debe recaer sobre el contenido más que sobre la corrección gramatical, la puntuación o la ortografía. Para que los estudiantes se animen a desarrollar su habilidad para informar, analizar y persuadir, las tareas asignadas deben ser claras y pertinentes a su vida diaria. Si los padres de familia no desean que sus hijos escriban o hablen sobre su vida en el hogar, se pueden substituir las experiencias de un amigo o de un pariente sin mencionar el nombre de esa persona.

Algunos puntos de partida posibles son los siguientes:

* Nota:

    Folklore: Las creencias, leyendas y costumbres tradicionales de la gente.

    Canción folklórica: Canción que se origina y se transmite entre la gente común.

    Cuento folklórico: Cuento que se origina y se transmite entre la gente común.

    Leyenda: Una historia que no tiene fundamento histórico, que no es verificable y que se transmite de generación en generación a través de las tradiciones.

    Mito: Persona, objeto, lugar o evento imaginario o ficticio.

1) las maneras en que cada estudiante celebra la Navidad o su cumpleaños;

2) el álbum de fotografías de la familia;

3) el nombre de cada estudiante, su origen o alguien que tenga el mismo nombre (un pariente, un santo, etc.);

4) los héroes o heroínas personales o de la comunidad;

5) los juegos que cada estudiante haya jugado a diferentes edades.

No sugerimos la adopción de un solo enfoque. El proceso puede, por el contrario, incluir todos los recursos y técnicas disponibles. Durante la etapa inicial de una tarea escrita, se puede animar a los estudiantes para que se consulten entre sí, recojan datos de los "bancos de memoria" de los maestros y de otros estudiantes, y realicen entrevistas. La segunda etapa incluye la tabulación de los resultados, la preparación de un borrador escrito, y actividades de edición y revisión del material escrito.

El folklore puede también ser útil en el desarrollo de la conciencia social y las habilidades sociales por medio de juegos. Fabricar y romper una piñata, por ejemplo, puede servir para desarrollar destrezas motoras y enseñar algo sobre las artesanías, al mismo tiempo que ayuda a que los alumnos aprendan a cooperar, a esperar sus turnos y a compartir. El valor y las desventajas de juegos que históricamente se han relacionado con armas o estereotipos étnicos pueden discutirse. A los estudiantes se les puede preguntar dónde y cómo aprendieron esos juegos y qué es lo que más claramente recuerdan de estos.

El estudio del folklore puede ayudar a los alumnos a conocerse mejor entre sí y a vencer sus diferencias al compartir experiencias similares. Por medio del folklore, los estudiantes pueden con gran frecuencia convertirse ellos mismos en fuentes de conocimientos, en vez de que solamente lo sea el maestro, el sociólogo, el historiador o el autor de libros de texto, cuyo trabajo, aunque supuestamente objetivo, muchas veces está influido por sus propios prejuicios o maneras de ver las diferencias culturales. De igual manera, el folklore puede ayudar al maestro a conocer mejor a sus estudiantes.

Al enterarse de que cada pueblo (folk) posee todo un tesoro de creencias, conocimientos y tradiciones (lore), los estudiantes pueden aprender que no hay ningún grupo étnico "sin herencia cultural," una frase que acusa una actitud elitista y no antropológica. La tarea de los maestros y de los padres de familia consiste en animar a los jóvenes a sentir orgullo de su propia cultura y a desarrollar respeto por la cultura de los demás.

TRADICIONES NAVIDEÑAS

La Navidad es una de las festividades preferidas de los pueblos indo-hispánicos. Esta festividad se celebra en forma tradicional con nacimientos, posadas, piñatas, villancicos, pastorelas y comidas típicas. La celebración de las fiestas navideñas evolucionó a través de los tiempos, a medida que ocurría la modernización y la fusión entre las culturas indígenas y europeas. Las tradiciones de hoy día tienen sus raíces en más de cuatrocientos años de nuestra historia.

El siglo XVI es el más importante en la historia de las tradiciones navideñas indo-hispánicas. Los frailes del christianismo trajeron sus fiestas navideñas a las Américas en las mismas embarcaciones que trajeron a Hernán Cortés en 1519. Armados con sus colecciones de oraciones y villancicos y con un ardiente celo proselitista, los religiosos lograron reemplazar los antiguos ídolos de piedra con nacimientos e imágenes de santos, reestructurando así las creencias de los pueblos conquistados.

Para promover la aceptación de la religión traída de Europa, los españoles toleraron algunos elementos de las religiones indígenas, o los adaptaron como parte de las nuevas ceremonias. Los ritos religiosos que se celebraban el 24 de diciembre en honor de Huitzilopochtli, una manifestación azteca del sol, por ejemplo, fueron sustituidos por las misas de la Navidad, y, mientras el cumpleaños del dios del sol se convertía en el cumpleaños del hijo de Dios, se escribían en idioma náhuatl grandes espectáculos para dramatizar el nacimiento de Cristo. Estas obras, conocidas con el nombre de pastorelas, fueron adaptaciones del teatro religioso europeo de la Edad Media. Estas obras medievales sobre milagros fueron introducidas en México en 1542 por los frailes españoles, ya que el teatro era un medio excelente mediante el cual se podía involucrar activamente a los "paganos," como llamaban los españoles a los indígenas, en el proceso de evangelización. En su sentido más amplio, la pastorela es una dramatización de nuestra eterna lucha contra el mal y de nuestra susceptibilidad a las tentaciones. En la obra se representan los pastores, el hostelero, los ángeles, María y José y los Reyes Magos. Los personajes son arquetipos, no individuos. Por último, y por supuesto, ellos vencen las tentaciones de Satanás, y son recompensados con la noticia del nacimiento del Niño Jesús. Aunque originalmente fueron solemnes dramas morales, hoy día las pastorelas son vigorosas representaciones teatrales en las que se mezcla el folklore, la religión y el teatro picaresco.

La música tuvo como un papel importante de la conversión. A los indígenas se les invitaba a participar en las celebraciones navideñas, cantando villancicos y tocando los instrumentos musicales traídos por los frailes. Los músicos indígenas aprendieron rápidamente a tocar el órgano, la flauta y la trompeta, y su gran destreza para tocar música europea dejó asombrados a los colonizadores.

Entre el pueblo que acudía a las pastorelas y misas se distribuían regalitos navideños llamados aguinaldos, como un incentivo a la conversión. Así fue que se estableció la costumbre de dar regalos durante la Navidad, en vez de (o además de) hacerlo en la Epifanía.* La costumbre de romper la piñata combinaba también elementos europeos e indígenas y no tardó en ganar aceptación.

La costumbre mexicana de las posadas, en las que la gente de una comunidad se reúne para representar el viaje de María y José desde Nazaret hasta Belén y su búsqueda de posada allí, se introdujo por el año 1554. Este espectáculo religioso se trasladó con el tiempo de la iglesia a los hogares, donde vino a celebrarse junto con una cena, un baile y el romper la piñata.

En el siglo XVI se produjo en toda la América la fusión de la cultura europea con las culturas indígenas. Muchas de las tradiciones que se establecieron durante aquel período retienen hoy todo su vigor.

---

* El 6 de enero, Día de los Reyes Magos.

LA GUADALUPANA

Durante más de 450 años en el día 12 de diciembre se ha celebrado la fiesta de la Guadalupana. La leyenda señala que Juan Diego, un azteca que recientemente se había convertido al cristianismo, presenció la aparición de una virgen de piel morena el 9 de diciembre de 1531, diez años después de que Hernán Cortés conquistara México. La aparición tuvo lugar en Tepeyac, un cerro situado dentro de los límites de la Ciudad de México.

La Guadalupana se presentó ante Juan Diego, le habló en lengua náhuatl, como la "Madre del Dios Verdadero por quien todos tenemos la vida,"y le pidió que le dijera al obispo Zumárraga, el primer obispo de México, "edifica mi templo" en el lugar (el cerro Tepeyac) dedicado a la diosa madre de los aztecas, Tonantzín. El escéptico obispo exigió una prueba del milagro. Juan Diego regresó al mismo lugar el día 12 de diciembre y la visión se le apareció de nuevo. La Guadalupana le dijo que recogiera rosas frescas del Tepeyac para el obispo. Generalmente no se daban rosas en los terrenos secos y rocosos del Tepeyac, y el hecho de que florecieran en diciembre era aun más milagroso. Cuando Juan Diego encontró las rosas, la Guadalupana las arregló en su tilma antes de que se las llevara al palacio del obispo. Al abrir su tilma, las rosas se cayeron y los presentes vieron dibujada en la manta una imagen de la Guadalupana. En una quinta aparición, la Guadalupana se le presentó al tío de Juan Diego, Juan Bernardino, quien estaba muy enfermo y lo curó en su lecho de muerte.

Estos acontecimientos aceleraron la aceptación del cristianismo en la región. Para 1754 el Papa había proclamado a la Guadalupana patrona de todos los territorios de la "Nueva España" (como llamaban los conquistadores al territorio mexicano). Para 1910, era la Patrona de Hispanoamérica. En 1959, fue proclamada la Madre de las Américas. Con el correr del tiempo, se han erigido cinco iglesias en Tepeyac para venerar la tilma de Juan Diego. La cuarta iglesia, terminada en 1709, se ha hundido seis pies en el subsuelo. Cada año millones de personas hacen un peregrinación* al quinto templo, conocido como la Basílica de la Guadalupe, cuya construcción se terminó en 1977.

Muchas personas están familiarizadas con esta sencilla pero poderosa historia asociada con la Guadalupana, pero la mayoría no conoce las raíces de esta devoción. La Guadalupana, también conocida como "la Morenita Bella," "la Madre del Pueblo, de la Raza," "Patrona de los Desamparados," está

---

* El peregrinación es un viaje a un lugar que posee significado simbólico, religioso e histórico.

rodeada por un halo resplandeciente y sostenida por un ángel del cielo. Sus ojos están mirando hacia abajo en actitud de humildad. Sus manos están dobladas pero extendidas hacia adelante, un gesto tradicional de ofrecimiento de uno mismo en servicio a los demás.

El color azul-verde de su manto era el color más fuerte en el universo de los indígenas. Las estrellas en su manto son símbolo de la Guadalupana, la estrella orientadora de la nueva raza mestiza que iba a desarrollarse. Su vestido color de rosa tiene diseños incrustados precolombinos de oro simbolizando su realeza. Su maternidad se anuncia al vestir una faja negra de estilo imperial. Para los indígenas este era un símbolo de esperanza y de la nueva vida que resultaría con el advenimiento del cristianismo. Las rosas recogidas en Tepeyac son un raro símbolo de gratitud por la vida, especialmente en medio del invierno.

¿Cuál es el poder de esta mujer azteca de 15 o 16 años que demandaba la construcción de un templo en su honor y en un lugar predeterminado... que reclamaba la tierra después que los conquistadores violaron, esclavizaron y asesinaron a sus habitantes originales... que introducía una nueva forma más moderada de adoración de una deidad sin necesidad de sacrificios humanos? La Guadalupana es considerada una parte fundamental de la sociedad indo-hispánica. Ella es símbolo de justicia y de paz. Los trabajadores agrícolas, los sindicatos laborales y las organizaciones de derechos humanos se hacen eco del grito ¡Viva la Virgen de Guadalupe! Su imagen es usada por los "pintos" (prisioneros), artistas, "bajitos" (lowriders), cholos y pachucos (vea Vocabulario de Navidad). Su imagen se encuentra en velas, carteles, artefactos automovilísticos, calcomanías, tatuajes, medallas religiosas, pañuelos para el cuello, mosaicos, paños (arte realizado en pañuelos), yeso poroso, bultos (figuras o imágenes esculpidas) y altares domésticos. El uso de su nombre está ampliamente difundido, se usa para niños y niñas, organizaciones, barrios, calles, ríos e iglesias. En las comunidades de habla hispana de los Estados Unidos, como también en las naciones hispanohablantes, la temporada navideña se inicia oficialmente el 12 de diciembre con la Fiesta de la Guadalupana.

La Guadalupana representa el sincretismo de las religiones precolombinas con las tradiciones católicas. En su función conciliadora, le infunde vida y esperanza a la cultura al fusionar las culturas indígena y española en todos los medios sociales. (Vea las Fotografías Nos. 2, 3 y 4.)

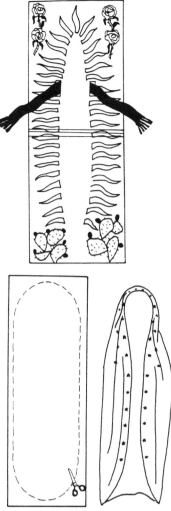

Disfraces Alusivos al Milagro

Para hacer los rayos del sol, pegue papel metálico dorado o papel de dibujo sobre un pliego de cartón de 18" x 22" de color azul celeste. Para niños más altos o personas adultas use dos pliegos y únalos con cintas de celofán de 2" o lamínelos juntos una vez que se hagan pegado los adornos. Par realzar los adornos se pueden usar plumas de punta de felpa, chispitas metálicas, bolígrafos de chispitas metálicas, limpiapipas metálicos de color dorado y fotografías de rosas recortadas de revistas. Después de laminarlos, puede pegarles rosas de papel crepé. (Vea la ilustración.) Para hacer el halo de la Guadalupana, use una guirnalda navideña u otro tipo de guirnalda decorativa.

El traje de color de rosa se hace de un pedazo de tela que tiene el doble del tamaño de la persona que lo va a usar. Hágale una apertura en el centro de la tela para pasar la cabeza. Al vestido se le agregan las incrustaciones de oro con bolígrafos de chispitas metálicas especiales para trabajar sobre tela, goma de pegar y chispitas metálicas o con creyones para trabajar sobre tela. Vea la ilustración para hacer el manto.

Cuando se esté presentando esta historia, un joven estudiante vestido de ángel puede sentarse a los pies de la Guadalupe, o puede pegarse a la bastilla del vestido un querubín de cartón como se muestra en la ilustración (Vea la Fotografía No. 5.) (Vea DISFRAZ DE ANGEL, página 7.)

Para hacer la tilma de Juan Diego, dibuje o pinte diseños aztecas tradicionales en tres de los lados de pliegos de cartulina color blanco o canela tamaño 18" x 22" o sobre papel de dibujo. Pinte o dibuje una imagen de la Guadalupana en el cuarto lado, o pegue una representación de la virgen que haya recortado de un calendario o cartel. Realce el resplandor con algunos de los materiales antes mencionados. La imagen de la Guadalupe debe mantenerse hacia adentro hasta la cuarta aparición, que es cuando se ve por primera vez en la tilma. El estudiante—o los estudiantes—puede traer de su casa un poncho o sarape para ser usado como tilma. (Vea la ilustración No. 5.)

manta color turquesa con estrellas metálicas

vestido de color de rosa

poncho

tilma

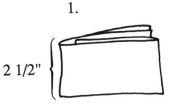

Rosas de Tepeyac

Materiales:

- 1 paquete de papel crepé rojo
- un lápiz
- una regla
- tijeras
- limpiapipas de cualquier color
- cinta adhesiva de florista color verde
- papel de dibujo color verde

Instrucciones:

1. Empezando en un extremo del paquete de papel crepé sin desdoblar, use el lápiz y la regla para medir tiras de 2 1/2" de ancho. (Vea la Figura 1.)

2. En cada tira doblada, dibuje y luego recorte la silueta de tres pétalos. Para niños más pequeños, desdoble cada tira y córtela en cuatro partes iguales, de forma que el papel sea más delgado y fácil de cortar, entonces dóblelo de nuevo y dibuje los pétalos en cada parte. (Vea la Figura 2.)

3. Usando los pulgares y los índices, estire suavemente cada pétalo como se muestra en la Figura 3.

4. Mantenga derecho el borde de la tira en una mano mientras agrupa con la otra los pétalos alrededor del limpiapipas. (Vea la Figura 4.)

5. Enrolle 6" de cinta de florista alrededor de la parte inferior del grupo de pétalos para amarrarlos al limpiapipas.

6. Siga enrollando la cinta adhesiva de florista hacia abajo en forma de espiral a lo largo del limpiapipas.

7. Empezando en la parte exterior de la flor, separe los pétalos doblándolos suavemente hacia afuera.

8. Corte paletas de nopal con tallos de 3" del papel de dibujo y dibuje las espinas en cada paleta.

Para otras épocas del año: Estas instrucciones pueden adaptarse para hacer flores en el aula durante todo el año, usando papel crepé de diferentes colores y diseñando pétalos y hojas de distintas clases.

1.

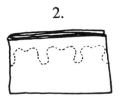

2 1/2"

2.

3.

4.

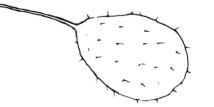

5.

siluetas de pétalos

LOS MATACHINES

Los matachines son una amalgama de rituales folklóricos de diferentes partes del mundo y de diferentes medios. Mientras los antropólogos y historiadores debaten sobre los orígenes y propósitos de los matachines, éstos preservan los movimientos de su danza en los pueblos indo-hispánicos (aldeas de los indios de los pueblos del suroeste de los Estados Unidos)y en México. Ellos están dedicados a servir, a través de la danza, a la Guadalupana a quien le rinden tributo como madre fiel de todos sus devotos, a su retorno cada diciembre. En otras épocas del año los matachines rinden tributo a otras figuras religiosas durante la celebración de sus festividades.

La palabra matachines se vincula a otros grupos culturales y lingüísticos. Tiene varios significados confusos: 1) una danza de espadas, 2) un hombre enmascarado, 3) dos hombres frente a frente como en una danza, y 4) un derivado de la palabra española "matar." Se cree que los moros, gente berberisca y árabe de orígen africano, llevaron la danza a España hace más de ochocientos años. Los conquistadores españoles trajeron la danza al mundo occidental a través de México. La danza era conocida como una "danza de espadachines enmascarados," aunque no todos los matachines usaban máscaras.

En el siglo XVI, los frailes franciscanos prohibieron muchas danzas indígenas e introdujeron espectáculos y dramas españoles, los cuales eran enseñados con la ideología católica. "Los moros y los cristianos," una obra teatral que celebra la expulsión de los moros de España en el siglo XII, fue una de las más difundidas.

En los informes de los conquistadores sobre los matachines se dice que ellos introdujeron la Malinche como símbolo de pureza —la Virgen María—para enfatizar la superioridad del cristianismo sobre el "paganismo." Pero en España se dieron cuenta de que los aztecas ya tenían otra versión del drama en forma de baile. Bernal Díaz, un soldado del ejército de Hernán Cortés, narra lo que vió cuando entró por primera vez a Tenochtitlán (Ciudad de México) en 1519:

> Una parte de la ciudad estaba ocupada completamente por diferentes tipos de bailarines de Moctezuma, algunos de los cuales llevaban una vara en sus pies, otros volaban por el aire y algunos bailaban como esos bailarines de Italia que nosotros llamamos matachines.

"El Baile Pequeño" de los aztecas incluía nobles, sacerdotes, y, de vez en cuando, el rey mismo. La danza sugería lo sagrado pero se celebraba con fines de entretenimiento. Los danzantes (bailarines) aztecas vestían ropas extravagantes adornadas de plumas, oro, plata, espejos y listones (cintas). Ellos introdujeron el uso del guaje (maraca), una parte muy importante de la danza de los matachines en América.

En México los Matlanchines son ejecutados por los indios yaqui, ocoroni y tarahumara. No es una danza regional sino una que se encuentra en diversas partes del país. En Nuevo México se baila en Alcalde, San Antonito, Barelas, Las Cruces, el pueblo de Picurís, Ranchos de Taos, el pueblo de San Ildefonso, San José, y los pueblos de Santa Clara y San Juan. En general, las danzas en estos lugares comparten las siguientes características:

Hay dos líneas de bailarines; el número de componentes de cada una varía de entre seis y doce o más. Hay un líder conocido como el Monarca o Moctezuma, el dirigente azteca que se convierte al cristianismo en el transcurso de la danza.

Hay una niña, que no ha llegado a la pubertad, conocida como la Malinche. En México visten a un niño de mujer.

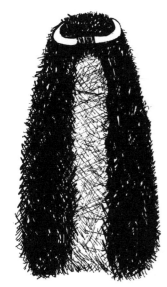

tocado de pelambre
artificial de Toro

Hay uno o dos bufones conocidos como los Abuelos. Ellos llevan látigos y de una manera muy divertida mantienen a la comunidad a una distancia prudente de los bailarines. Los Abuelos parodian y castigan a los danzantes cuando cometen un error. Estos, por supuesto, no hacen caso. También actúan como mentores de la Malinche, protegiéndola de las tentaciones perversas del Toro. Pero la Malinche conserva su pureza, estableciendo de esta forma el ejemplo para la eventual conversión del Monarca a la fe cristiana.

El personaje conocido como el Toro representa la fuerza del mal a la vez que representa el símbolo de la fertilidad. Constantemente está provocando y tentando a la Malinche y a los Abuelos. A menudo, este papel lo desempeña un niñito.

El Monarca y los danzantes llevan en la mano izquierda un tridente o palma (una vara de tres puntas), que alguna vez pudo haber sido una espada. Las giran en un movimiento contrario al de las manecillas del reloj. Manteniendo el tiempo con el guaje y los pasos de la danza, las mueven contínuamente en frente del cuerpo de izquierda a derecha. El codo dirige el movimiento, ocasionando que los dientes de la palma siguen, no preceden, las manijas.

Las selecciones musicales europeas se ejecutan por un violinista y un guitarrista. En las aldeas de los indios de los pueblos de los Estados Unidos, la música se toca con guitarra y tambor, y se tocan varias melodías en forma repetida. El honor de tocar se basa en la tradición que lo pasa de padre a hijo o de abuelo a nieto.

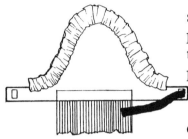

cupil de cartoncillo con cinta, vuelta de papel crepé, y un flequillo de papel de seda (vista por detrás)

Las formaciones de la danza de los Matachines son europeas (pivotes, balanceo de las piernas dando una patada hacia adelante, *do-si-do* y *pas de basque*). Los pasos de la danza, una combinación del Baile Pequeño y la danza de los Matachines europea, son indígenas. Las danzas de los indios de los pueblos incluyen palmadas, saltos en un solo pie, brincos y carreras.

Antes de comenzar a impartir las instrucciones sobre la danza en el salón de clase, discuta con los estudiantes los siguientes conceptos: 1) promesa, 2) compromiso, 3) rituales, 4) la existencia a nivel individual, pero también como parte de la comunidad del aula, y 5) la creación de un vínculo, por medio de la danza, con el pasado, el presente y el futuro.

Tradicionalmente, los Matachines (excepto la Malinche) y los músicos son varones. Sin embargo, ¡algunas tradiciones deben conservarse, algunas deben olvidarse y otras deben crearse! Por lo tanto, las presentaciones escolares de primaria, intermedia y secundaria deben incluir igual número de danzantes de ambos sexos.

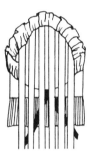

listones pegados al cupil

El Vestuario para la Danza de los Matachines

Debe pedírsele a los estudiantes que busquen los materiales para hacer bien sus trajes antes de la presentación. El atavío depende de la localidad y de las tradiciones. Los danzantes podrían vestir faldas o pantalones oscuros y camisas o blusas de mangas largas. El Monarca puede usar una falda o pantalón de color claro y una blusa o camisa de color claro también. Todos los participantes deben usar zapatos de etiqueta cómodos o zapatos tenis. Los bailarines de los pueblos usan mocasines.

Todos los danzantes, excepto la Malinche, el Toro, y los Abuelos usan trajes característicos y maravillosos de fabricación casera. Este vestuario incluye un espléndido tocado llamado cupil, el cual podría representar una mitra obispal, un fez morisco o un yelmo de guerrero. Fabricado de cuero de vaca o de búfalo, o de cartulina, se considera el tocado la característica más llamativa del atavío. (Vea la Fotografía No. 6.)

hace los milagros, cuentas, y molde con plumas o creyones, colores oro o plata

El punto central de la ornamentación de los cupiles es la imagen del santo a quien el danzante está comprometido. Los danzantes de los indios de los pueblos usualmente tienen diseños en sus cupiles. Otras decoraciones pueden ser encaje, chispitas metálicas, lentejuelas, joyas, milagros, medallas religiosas y listones. De la parte trasera del tocado cuelgan de seis a ocho listones, que miden de una a tres pulgadas de ancho, de todos colores y materiales, llegando más abajo de las rodillas. Del frente del tocado,

respaldo

la Corona

forro de casco

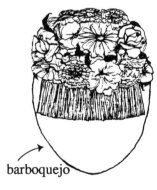

barboquejo

la Corona

cubriendo los ojos, la nariz y las mejillas, cuelga un flequillo de lentejuelas o de tela de siete pulgadas de largo. (Vea la Fotografía No. 7.) Se usa un pañuelo de seda doblado en forma triangular para cubrir la boca al estilo de los bandidos. Las puntas se atan por detrás de la cabeza, manteniendo los listones en su lugar. El pañuelo usado de esta forma es tanto de origen azteca como árabe. Las vinchas deportivas son una buena solución al problema de ponerle bandas elásticas a cada cupil y a la cabeza de cada estudiante. (Los cupiles deben resistir los movimientos en forma de remolino, las patadas, las flexiones y los saltos de los bailarines.)

Dentro del grupo se designan cuatro danzantes como capitanes. Ellos dirigen las lineas al frente y atrás. Pueden distinguirse por el color diferente de la falda o de los pantalones, o porque llevan respaldos (capas) similares. Los respaldos, 27" x 36" para los adultos, y 20" x 28" para los danzantes más jovencitos, pueden adornarse con flecos pegados o cosidos. Los capitanes deben decidir si sus respaldos van a ser del mismo color o de diferentes colores. Los respaldos se hacen de pañuelos grandes de colores brillantes, pañuelos con la imagen de la Guadalupana, o de brocado.

El atavío del Monarca es similar al de los danzantes con la excepción del tocado. Su tocado se llama la Corona y se distingue de los de los danzantes porque tiene un armazón tipo jaula de pájaro. Cuatro alambres (o limpiapipas metálicos), uno a cada lado de la vincha de cuero (o vincha deportiva), se curvan hacia arriba y se juntan unas seis pulgadas por encima del punto medio del tocado. En la cima del mismo se coloca un racimo de bolas, una bola grande o una cruz. Decore las bolas con chispitas metálicas, lentejuelas, cuentas, etc. y déjelas secar. Pegue las bolas encima del armazón (opcional).

El revestimiento interior de un casco de fútbol americano también puede servir para hacer una excelente corona. Pinte el forro de negro (un color tradicional). Cúbralo con flores de papel a las cuales le haya espolvoreado chispitas metálicas y reálcelo con limpiapipas metálicos. Puede ser necesario agregar una cinta elástica fina, que pase por debajo de la barbilla, para mantener la corona en su lugar.

Las manos de los danzantes y las del Monarca están cubiertas de guantes oscuros de cuero o de algodón, o pintadas para dar la apariencia de que se visten de guantes. En Bernalillo, se ata un pañuelo en el brazo izquierdo encima del codo.

El Toro puede usar una pieza de pelambre artifical por encima de la cabeza. Esta puede mantenerse en su lugar con una vincha de cartulina que tenga cuernos de cartulina pegados o engrapados. La vincha puede decorarse con flores de papel, de plástico o naturales. El Toro lleva una vara en cada mano representando sus patas delanteras.

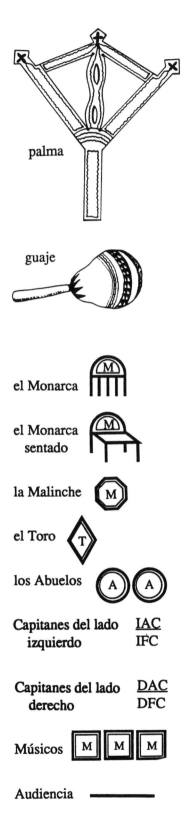

palma

guaje

el Monarca

el Monarca sentado

la Malinche

el Toro

los Abuelos

Capitanes del lado izquierdo   IAC   IFC

Capitanes del lado derecho   DAC   DFC

Músicos   M M M

Audiencia   ▬▬▬▬

La Malinche lleva un vestido blanco de Primera Comunión* o falda y blusa blancas, y un velo o corona de flores blancas. Las Malinches de los indios de los pueblos pueden usar un adorno de plumas en la parte trasera de sus cabezas que apunta hacia arriba. La Malinche no lleva nada en sus manos.

Las palmas tienen doce pulgadas de largo y doce de ancho. Pueden hacerse de dos pedazos de 4 pliegues de cartulina cortados y laminados juntos o pueden hacerse de madera contrachapada (plywood). Decórelos con pintura, cuentas, flores y limpiapipas.

Los guajes pueden comprarse o fabricarse. Los guajes de cartón piedra (papier mâché) pueden hacerse usando frutas o vegetales como base, una mezcla 50/50 de goma blanca líquida y agua, papel de periódico y un palito o lápiz como manija. Use pintura al temple, cintas, flores de papel y chispitas metálicas para adornar los guajes.

Coreografía

Usualmente las ceremonias empiezan en frente de la entrada de la iglesia católica donde se representa el drama en forma de danza. Hay de ocho a nueve movimientos en la danza de los Matachines dependiendo del grupo que la realice y de la evolución de la misma en la comunidad.

Muchas de las tonadas y de los títulos originales ya no están en uso, o han cambiado con el tiempo.** Es importante escuchar la música y descifrar sus patrones antes de empezar a bailar.***

Las interpretaciones del drama en sí, por ejemplo, la cristianización de los indígenas o el intercambio entre lo bueno y lo malo, deben generarse a partir de los mismos estudiantes. Las presentaciones pueden acortarse o alargarse. Algunos actos pueden omitirse por completo. Cuando resulte apropiado, la música de un acto puede sustituirse por la de otro.

Entre las líneas de bailarines hay una separación de seis a ocho pies, con tres o cuatro pies entre cada uno de los matachines. Los pasos básicos que se presentan aquí pueden usarse para tejer todas las figuras del drama.

---

*   La Santa Comunión (el Sacramento de la Eucaristía) es un sacramento cristiano que se considera como el símbolo de la unidad de la iglesia.
**   El cassette "Matachines Music from Alcalde" que contiene música de los Matachines interpretada por Melitón Medina y José Segovia puede obtenerse por $7.00, incluyendo gastos de envío, solicitándolo de los artistas a la dirección: P. O. Box 316, Velarde, New Mexico 87582.
*** Para más información acerca de nombres de los movimientos y pasos de la danza, consulte por Flavia Champe, *The Matachines Dance of the Upper Rio Grande: History, Music, and Choreography.* (El libro incluye una grabación de la música.)

Cada paso descrito aquí tiene un compás correspondiente con la música.

D - derecha

I - izquierda

1 + 2 - 1 y 2 y (compases)

(pausa) y (compás) - son pasos cortos

Repita los siguientes pasos tantas veces como sea necesario para completar cada figura:

Marcha (Despacio o rápido)

Medidas	Compás	Pasos
1	1,2	Paso hacia adelante con el pie D, balancear la pierna I, la rodilla flexionada y el talón a dos pulgadas del suelo
	3,4	Paso hacia adelante con el pie I, balancear la pierna D hacia adelante, la rodilla flexionada y el talón a dos pulgadas del suelo

Caminata (Hacia adelante o hacia atrás, despacio o rápido)

Medidas	Compás	Pasos
	1 (2, 3)	Paso hacia atrás con el pie D
	(4, 5, 6)	Doblar ligeramente la rodilla y enderezarla
	1(2, 3)	Paso hacia atrás con el pie I
	4, 5, 6	Doblar ligeramente la rodilla y enderezarla

Salto (Hacia adelante o hacia atrás, despacio o rápido)

Medidas	Compás	Pasos
	+2+	Paso con el pie D, paso con el pie I, salto con el pie I
1	1+2+	Paso con el pie D, pie I, pie D, salto con el pie D
2	1+2+	Paso con el pie I, pie D, pie I, salto con el pie I

Patear el suelo (En el mismo lugar, hacia adelante, hacia atrás)

Medidas	Compás	Pasos
1	1+	Poner el peso del cuerpo en el pie I, patear con el D ligeramente hacia el costado, doblar la rodilla izquierda y levantar el pie más o menos a dos pulgadas del piso
	2+	Patear con el pie D cerca del I; con la rodilla doblada, levantar el pie D
2	1	Dar una patadita hacia adelante con el talón D
	+2+	Paso con el pie D, paso con el pie I y pararse en los dos pies
3	1+	Patear con el pie I ligeramente hacia el costado, doblar la rodilla I y levantar el pie
	2+	Patear con el pie I cerca del D; levantar el pie I
4	1	Dar una patadita hacia adelante con el talón I
	+2+	Paso con el pie I, paso con el pie D, en el mismo lugar

Reverencia

Medidas	Pasos
1	Poner el peso del cuerpo sobre el pie D, doblar la rodilla D; la pierna I se extiende hacia atrás a dos pies del pie D con la parte interna del pie I tocando el piso; al girar hacia la I el cuerpo se inclina hacia adelante
2,3	Pararse lentamente, arrastrando el pie I hacia el D

La Entrada

FIG 1.

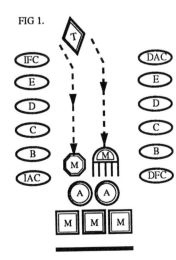

Tres niños se mueven en el escenario diciendo juntos y alternando el inglés y el español:

"Here come the matachines!" "¡Ahí vienen los matachines!"

La música empieza y los Abuelos dirigen la procesión hasta la área de baile, marcando el terreno con sus látigos y manteniendo el orden. Los siguen el Monarca y la Malinche con un Capitán a cada lado. A continuación siguen los demás matachines. El Toro va detrás de los matachines caminando con sus varas y haciendo travesuras (paso de marcha).

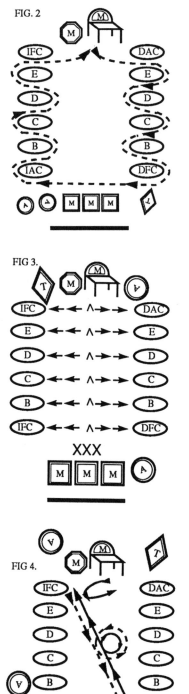

FIG. 2

FIG 3.

XXX

FIG 4.

La Malinche

La música empieza cuando los matachines están en su lugar. (Vea la Figura 1.) El Monarca baila con la Malinche durante un minuto al compás de una alegre polka. Le pone su guaje en la mano derecha de ella, y entonces se sienta mientras la Malinche baila con cada uno de los Abuelos durante unos treinta segundos. Después que ha bailado con el segundo Abuelo, éste la conduce nuevamente hacia la silla del Monarca, donde ella deja el guaje.

La Malinche da la cara al frente y se mueve en un diseño de serpentina haciendo el paso de la caminata. (Vea la Figura 2.) Lleva la mano izquierda sobre la cadera izquierda. De cuando en cuando se detiene para hacer reverencias. Cuando llega adonde está el Monarca, se pone de frente y la música se para.

La Brincada
(Salten sobre Tridentes)

El hecho de que el Monarca se ponga de pie es una señal para que la música empiece. Las parejas de matachines se ponen de frente entre sí (de cara al centro) y extienden sus manos izquierdas formando un arco con las palmas. El diente central de la palma de cada danzante debe tocar el diente central de la palma de su pareja. Puede ser que en estos momentos los danzantes tengan que dar dos o tres saltitos hacia el centro. (Vea la Figura 3.)

Cuando el arco está formado, el Monarca, haciendo el paso de la caminata, va tocando con la suya cada par de palmas. Cuando llega al punto xxx, se vuelve y da la cara al fondo. Los danzantes se ponen en cuclillas o de rodillas y extienden sus palmas en el suelo, formando "obstáculos." El Monarca pasa sobre cada "obstáculo" mientras que hace el paso del salto. Continúa bailando hasta que llega a su silla, entonces se pone de frente, pero no se sienta. Los danzantes se levantan, dan dos o tres pasos y la música se detiene.

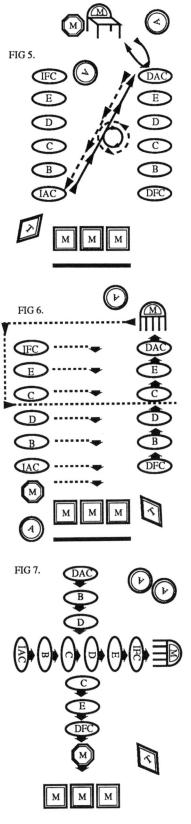

FIG 5.

FIG 6.

FIG 7.

Los Capitanes

En este acto, los capitanes cambian de línea e invierten sus posiciones. Cuando la música empieza, el Monarca camina hacia el IFC y toca su palma como lo haría un esgrimista al cruzar su espada con su oponente. IFC de espaldas se mueve hacia adelante mientras DAC se mueve caminando (paso de la caminata) de espaldas hasta que se encuentran en el medio de área de danza. Mientras bailan, IFC hace movimientos circulares en contra de las manecillas del reloj y va bailando hacia atrás hasta ocupar la posición de DAC. DFC baila hacia atrás, girando en el sentido de las manecillas del reloj, después baila hacia adelante hacia la posición del IFC. (Vea la Figura 4.) Mientras tanto, el resto de los matachines están zapateando en sus lugares. Entonces el Monarca camina hacia el DFC. Toca su palma y el DAC se cambia de posición con el IAC. (Vea la Figura 5.) El Monarca se sienta y la música se detiene.

La Cruz

Todos los danzantes están mirando hacia adelante. La Malinche camina hacia el frente de la línea I (izquierda), al mismo tiempo que el Monarca camina hacia la parte de atrás de la línea D(derecha). La música empieza. La línea de la Malinche da dos o tres pasos hacia la derecha o hasta que la línea está al centro de área de baile. Saltan en el lugar hasta que se forma la cruz. (Vea la Figura 6.)

Mientras tanto, la línea del Monarca gira hacia la derecha mirando hacia el fondo. El conduce la línea hacia la izquierda haciendo el paso del salto. Cuando el Monarca llega al espacio entre C y D, gira hacia la derecha y conduce la línea que encabeza a través de la línea de la Malinche en ángulo recto. Cuando se forma la cruz, todos los danzantes dejan de bailar, hacen una pausa y una reverencia durante unos cinco segundos. (Vea la Figura 7.)

Entonces la línea del Monarca gira hacia la derecha, dando el frente a la izquierda, y se conduce a su posición original por CAD. Mientras tanto, la Malinche lleva su línea hacia su posición original con pasos de lado y saltos hasta que las líneas estén en posición paralela. La música termina.

El Toro

Este acto es una representación de una corrida de toros. El Monarca está sentado y la Malinche está parada cerca de él. Los matachines están parados en sus lugares mirando hacia adelante.

Los Abuelos caminan entre las dos líneas de matachines, hablándole al Toro en una aguda voz de falsete. El Toro entra al área inclinado hacia adelante apoyándose en las varas como si estuviera preparándose para embestir. Con la cabeza baja, persigue y embiste a los Abuelos. Los Abuelos caen, pero se levantan otra vez. Este movimiento continúa por un minuto hasta que los Abuelos dominan al Toro, lo tiran al suelo (cuidadosamente), lo enlazan con sus látigos y simulan matarlo. La música termina.

La Salida

Algunas presentaciones de los Matachines terminan cuando los danzantes salen de área de baile y se dispersan sin esperar las reverencias teatrales y los aplausos habituales. Se montan en sus carros y abandonan el lugar, o regresan adonde se reunieron inicialmente y entran allí.

Un ayudante saca la silla del Monarca. La música empieza. Los Abuelos y el Toro se levantan y se dirigen hacia la salida de área de baile. Son seguidos por el Monarca y la Malinche, y despés el IFC, el DFC y el resto de los danzantes de dos en dos.

Aunque cada danzante es único, él/ella se mantiene dentro del contexto grupal. La participación es el cumplimiento de un compromiso o de una promesa que se hace cuando se ha recibido ayuda espiritual o material en momentos o situaciones problemáticas. Los danzantes abandonan la experiencia cotidiana para convertirse en matachines — ¡espíritus enmascarados!

18

LAS POSADAS

Vestuario "Estrella de Belén"

Pastora

Las posadas se celebran durante las fiestas de Navidad para conmemorar el viaje desde Nazaret hasta Belén y la búsqueda de hospedaje en Belén antes del nacimiento de Cristo. Las posadas, u hospederías, están llenas, de manera que a María y a José se les niega alojamiento, sin embargo, les ofrecen un pesebre en la novena noche.

Se cree que la práctica se originó en el convento de San Agustín de Acolmán en Tenochtitlán (Ciudad de México). La historia cuenta que Fray Diego de Soria recibió permiso del Papa en Roma para celebrar nueve Misas de Aguinaldo. La palabra aguinaldo significa "regalo." Las misas debían celebrarse al aire libre del 16 al 24 de diciembre de cada año, junto con la dramatización de la Natividad.

Esta celebración se transformó en las tradicionales posadas mexicanas, las cuales comienzan con una procesión encabezada por las imágenes de José y María o por gente del pueblo vestida para representarlos. Grupos de niños vestidos de ángeles y de pastores los siguen, caminando de puerta en puerta mientras cantan los versos de la letanía tradicional que les corresponden. En la página 22 incluimos una versión de esta letanía.

La procesión comienza al caer la noche, y los participantes llevan velas encendidas, estandartes y faroles hechos de papel. La gente en las primeras casas espera detrás de las puertas y responde a la petición de posada cantando una respuesta negativa. Solamente después de persistentes esfuerzos María y José consiguen por fin obtener posada. Las puertas de la última casa se abren y sus dueños invitan a los miembros de la procesión a que pasen.

POSADA RITZO   POSADA (7)   POSADA PLAZA

Cerrado

Regreso a las

fuimos a México

Vestuario de las Posadas

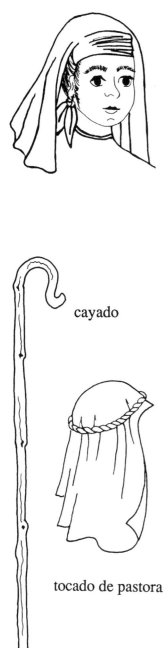

cayado

tocado de pastora

Con un poquito imaginación, los estudiantes pueden hacer vestuarios para las posadas reviviendo así los trajes medievales. Adornos conseguidos en el mercado de pulgas, cortinas, manteles de encajes, restos de tapizados y arpillera pueden convertirse fácilmente en los trajes que vestían la Sagrada Familia y los pastores. ¡No es necesario coser!

Use ponchos, sarapes y rebozos (pañuelos que se usan como chales) como mantas e hilo de alfombra (que se encuentra en las papelerías y en las tiendas de materiales didácticos). Póngale un pedazo de tela rectangular o cuadrado alrededor de la frente de María. Ate las puntas por detrás de la cabeza, luego traiga hacia adelante todo el resto del tocado. (Vea la ilustración.) El bastón de José puede hacerse pegando tiras de papel de cartel de seis láminas, o puede usarse una vara larga. Los atavíos para los pastores y pastoras incluyen calabazas y ganchos. Sus ofrendas son un cordero, una cabra y varias peizas de pan. Use animales de peluche o esculturas de papel (página 21) para hacer calabazas, animales u peizas de pan.

Para darles más carácter a sus personajes, use pintura para la cara.* Puede conseguirla en jugueterías y tiendas de variedades durante el mes de octubre. ¡Haga sus planes con anticipación! O use una mezcla de pintura al temple en polvo con crema para la cara (50/50) para hacer su propio maquillaje.* Cree las máscaras adecuadas con platos de papel, papel para cartel o gasa enyesada. (Vea MASCARA DE GASA ENYESADA en *Indo-Hispanic Folk Art II/Tradiciones Artesanales Indo-Hispanas II*, página 45, versión en inglés; la Fotografía No. 8.) Péguele pelambre artificial a las máscaras, o átele pelambre artificial con estambre a la cara de los estudiantes. Haga un burro, un cordero, una cabra, un gallo y otras aves de corral. (Vea NACIMIENTO, "Figuras de papel con un solo pliegue," página 31.) Para hacer figuras de papel con un solo pliegue más grandes use papel de cartel de seis láminas y corte la figura (el papel de cartel de 4 láminas no es bastante fuerte). Doble las bases de las patas para fuera para lograr más apoyo. Agréguele pelambre sintético o algodón para hacerlos más simpáticos.

barba de pelambre artificial

sandalias con cordones

---

* El maquillaje profesional a base de agua y la pintura de grasa pueden ordenarse a: M.I.S. Retail Corp., 736 Seventh Ave., New York, New York 11019, y a Columbia Stage and Screen Cosmetics, 1440 N. Grover St., Hollywood, California, 90028.

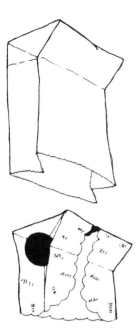

El chaleco de "piel de oveja" de los pastores puede "esquilarse" de una bolsa de papel grande. En las tiendas de comestible del barrio pueden conseguirse bolsas de papel que no tengan avisos comerciales. (Vea la ilustración.)

Sugerencia: Haga la representación de las posadas en frente de un mural pintado con una escena de la Navidad, vertical u horizontalmente, sobre papel de estraza. La escena puede pegarse a la pared con cinta adhesiva o con tachuelas. Déle énfasis al mural con heno (o yerbas secas), detalles tridimensionales hechos en papel de dibujo, y artesanías traídas de las casas. Para darle textura al mural, "pinte" el papel de China con una mezcla (50/50) de agua y goma de pegar blanca líquida. Use hojas de maíz para el techo del pesebre. Con chapas o chispitas metálicas puede salpicar de estrellas un cielo azul oscuro y puede hacer más prominente la Estrella de Belén. Use un instrumento agudo para hacer hoyitos en el centro de las estrellas. Inserte desde atrás de cada hoyo bombillas intermitentes de Navidad. (Vea la Fotografía No. 9.)

chaleco

vista superior
(parte de abajo
de la bolsa)

Usando dos hojas de papel de estraza, pueden cortarse animales de cualquier tamaño y forma. Use papel de un solo color o papeles de dos colores para cada animal. Use pintura, plumas de punta de felpa y/o marcadores para llenar el contorno del cuerpo. A las vacas péguele pelambre artificial, o manchas hechas con papel de dibujo. Use hilo de tejer para hacer crines y colas. Pegue o engrape las hojas, dejando un hueco bastante grande para que pueda rellenar el cuerpo y las patas con papel de China o papel periódico. Una vez llena la figura, proceda a cerrar la abertura con pegamento o grapas. (Vea las ilustraciones.) Recline las esculturas de papel contra el mural o contra taburetes pequeños. Haga esculturas de cabezas y cuellos, sin rellenar, para que puedan ponerse sobre la cabeza. Haga agujeros para los ojos. (Vea la ilustración.)

"Buscando Albergue"

El grupo en la calle canta los versos designados para San José y el grupo dentro de la casa canta los versos de respuesta.

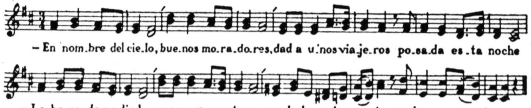

- En nom.bre del cie.lo, bue.nos mo.ra.do.res, dad a u.nos via.je.ros po.sa.da es.ta noche

- La ho.ra de pe.dir.la no es muy o.por.tu.na, marchad a o.tra par.te y bue.na ven . tu.ra.

San José:

En nombre del cielo
os pido posada,
pues no puede andar
mi esposa amada.

Respuesta:

Aquí no es mesón,
sigan adelante.
Yo no puedo abrir,
no sea algún tunante.

San José:

Venimos rendidos
desde Nazaret.
Yo soy carpintero
de nombre José.

Respuesta:

No me importa el nombre.
Déjenme dormir,
pues que ya les digo
que no hemos de abrir.

San José:

Mi esposa es María.
Es reina del Cielo,
y madre va a ser
del Divino Verbo.

Respuesta:

¿Eres tú José?
¿Tu esposa es María?
Entren, peregrinos,
no los conocía.

San José:

Dichosa la casa
Que nos da posada,
Dios siempre le dé
Su dicha sagrada.

Respuesta:

Posada os damos
con mucha alegría.
Entra, José justo,
entra con María.

Al abrirse la puerta, todos cantan:

¡Abranse las puertas,
rómpanse los velos,
que viene a posar
el Rey de los Cielos!

Entren, santos peregrinos.
Reciban este rincón,
no de esta pobre morada,
sino de mi corazón.

Esta noche es de alegría,
de gusto y de regocijo,
porque hospedamos aquí
a la Madre de Dios Hijo.

AGUINALDOS

Una vez que los que han participado en la procesión hayan entrado en la casa, se cantan otras canciones y se reza el rosario* antes de que comience la fiesta. Luego, la anfitriona distribuye aguinaldos entre sus huéspedes.

La costumbre de dar regalos en el día de la Navidad en vez (o además) de darlos el día de Epifanía (Día de los Reyes Magos) se desarrolló probablemente a partir de la Misa de Aguinaldos durante el siglo XVI, en la que se le daban regalos a los indígenas para "motivarlos" a venir a la iglesia.

Materiales:

- un plato de mesa
- una hoja de papel de dibujo tamaño 11" x 11" (de cualquier color)
- una hoja de papel crepé (de cualquier color)
- un lápiz
- tijeras
- creyones o plumas con punta de felpa
- cinta adhesiva transparente
- goma o engrudo de harina
- chispitas metálicas (opcionales)
- cinta de adorno

Instrucciones:

1. Coloque el plato boca abajo sobre el papel de dibujo y trace su silueta con el lápiz.

2. Corte la forma circular.

3. Doble la forma por la mitad y córtela luego a lo largo del pliegue. (Vea la Figura 1.)

4. Dibuje motivos decorativos en ambas mitades.

5. Enrolle una de las mitades en forma de cono, con los extremos de los bordes rectos superpuestos varias pulgadas.

6. Asegure el cono con cinta adhesiva transparente, como se muestra en la Figura 2. Repita la misma operación con la segunda mitad.

7. Corte el papel crepé en dos tiras de 4" x 12".

8. Pegue el papel crepé dentro del cono, a una distancia de 1" del borde superior. (Vea la Figura 3.)

1.

2.

3.

4.

---

* Forma de oración oral o mental de los católicos romanos en la cual se usan cuentas para marcar cada decena.

9. Permita que se seque completamente, y luego llene el cono con regalitos (tradicionalmente se ponen frutas, golosinas o monedas). Amarre la parte superior con la cinta de adorno. Haga lo mismo con la segunda mitad.

El aguinaldo que se muestra en la Figura 4 está fabricado con un segmento del cilindro de cartón de un rollo de papel de toalla, cortado en tres partes iguales, cubierto con papel crepé o papel de China y cerrado con cinta.

Los aguinaldos pueden usarse durante todo el año como regalitos para repartir en las fiestas.

por Taína Palombo, de 7 años de edad

LA PIÑATA

Mientras las personas adultas se saludan y conversan después de la procesión de las posadas, los niños esperan entusiasmados el momento de romper la piñata, acto que representa la culminación de la fiesta. Cada niño espera su turno, hasta que al fin le vendan los ojos y lo hacen girar varias veces para desorientarlo. Con un palo o un bate en la mano, el niño da golpes en el aire tratando de alcanzar la piñata suspendida por encima de su cabeza. Los padres de familia participan en el juego tirando y soltando la cuerda para hacer subir y bajar la piñata. Cuando alguien alcanza a darle un golpe bastante fuerte para romperla, todos los niños se lanzan al suelo, riéndose y gritando, para recoger las golosinas regadas por todos lados.

En las regiones tropicales de México, las piñatas tradicionalmente contienen manzanas, plátanos (guineos), zapotes de varias clases y otras frutas. En las sierras, las piñatas contienen tejocote (la frutilla roja o amarilla del espino), naranjas comunes y naranjas mandarinas, limas, pacanas, cacahuates, trocitos envueltos de jícama (una raíz vegetal un poco dulce) y/o caña de azúcar, juguetes pequeños y dulces.

Algunos historiadores opinan que la idea de la piñata fue traída a Italia del Oriente por Marco Polo en el siglo XII. Las piñatas chinas se usaban en las ceremonias agrícolas de la primavera. Se plantaban semillas en conos huecos. Se usaban palitos de colores para romper los conos y las semillas que contenían eran esparcidas por los búfalos y por los toros en la tierra donde iban a ser plantadas.

Durante los siglos XVI y XVII, el juego de la *pignatta* italiana se consideró como un entretenimiento de la clase noble, debido a que el jarro de barro estaba lleno de joyas y caprichos costosos. En España el juego evolucionó como una tradición celebrada durante la cuaresma* por toda la población. El domingo después del Miércoles de Ceniza** se rompían jarros hechos de barro en forma de piña y llenos de golosinas, este domingo era llamado "Domingo de Piñata."

En México ya se conocía otra versión del juego. El nacimiento de Huitzilopochtli se celebraba durante el mes de diciembre. Durante ese mes, los aztecas preparaban banquetes y los consumían al aire libre, alrededor de cientos de hogueras que se mantenían encendidas durante toda la víspera del nacimiento del dios. Las ceremonias incluían el juego de golpear con un palo, hasta romperlo, un recipiente de barro cubierto de plumas tejidas, para que los pequeños tesoros que contenía cayeran a los pies del ídolo.

*, ** En la iglesia occidental, la Cuaresma, los cuarenta días que preceden a la Pascua Florida, empieza el Miércoles de Ceniza. Es un período de ayuno y preparación para la Pascua Florida, la fecha de la resurrección de Cristo.

El renacer del sol cada mañana desde las entrañas de la tierra se atribuía al triunfo de Huitzilopochtli sobre la oscuridad de la noche, símbolo de las fuerzas del mal. El juego de la piñata entre los aztecas dramatiza la lucha eterna entre el bien, representado por el niño con los ojos vendados, y el mal, representado por la piñata, que siempre acaba por ser destruido pero que reaparece, tan tentador como siempre, al año siguiente.

La piñata es una tradición pintoresca de las celebraciones indo-hispánicas de la Navidad, pero se utiliza con gran frecuencia también para festejar los días de santos y los cumpleaños de los niños.

"Al Romper la Piñata"

Da-le, da-le, da-le, no pierdas el ti-no: mi-de la dis-tancia quehay en el ca-mi-no.

En las noches de fiestas navideñas
la piñata es lo mejor;
hasta la niña más tímida
se encuentra excitada con gran ardor.

Dale, dale, dale,
no pierdas el tino,
mide la distancia
que hay en el camino.

Piñata "Estrella de Belén"

1.

Materiales:

- un globo redondo que pueda inflarse hasta alcanzar 11" de diámetro
- papel de periódico
- engrudo de harina un poco diluido
- aguja u otro instrumento puntiagudo
- una hoja de cartoncillo, de tamaño 18" x 24"
- un paquete de papel de China, de tamaño 20" x 30" (colores opcionales)
- una hoja de papel de aluminio o papel metálico, de tamaño 12" x 12"
- cinta adhesiva de papel
- goma de pegar de caucho
- tijeras
- brocha de pintar
- cuerda gruesa, de 20 a 30 pies de largo
- una lata de café vacía, de 26 onzas de capacidad

Instrucciones:

1. Infle el globo hasta que alcance 11" de diámetro y hágale un nudo para cerrarlo.

2. Corte tiras de papel de periódico tamaño 1" x 3".

3. Sumerja las tiras de papel, una por una, en el engrudo. Quíteles el exceso de engrudo. Cubra el globo con cuatro o seis capas de tiras de papel (menos un área de 2" x 2" que se abrirá más tarde).

4. Cuando el papel se haya secado completamente (demorará 3 o 4 días), perfórelo con un alfiler para reventar el globo.

5. Siga el modelo ilustrado en la Figura 1 para hacer las cinco puntas de la estrella. Corte formas para conos de cartoncillo que midan 8" en sus bordes rectos.

2.

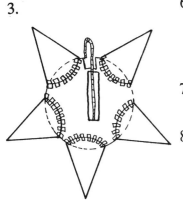

6. Déle forma a cada cono superponiendo un borde recto encima del otro. Para asegurar las juntas del cono, use la cinta adhesiva de papel como se muestra y sujételas con una grapita colocada a una pulgada aproximadamente del extremo ancho. (Vea la Figura 2.)

7. Para facilitar la colocación de los conos con cinta adhesiva sobre la esfera de cartón piedra (papel mâché), póngala sobre la lata de café vacía.

3.

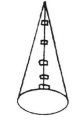

8. Con las tijeras, haga varios cortes de 1" de ancho alrededor del extremo ancho de cada cono. Doble los bordes hacia afuera y pegue los conos con cinta adhesiva en línea recta alrededor de la esfera. No cubra la abertura que dejó al principio. (Vea la Figura 3.)

4.

9. Usando papel de aluminio o papel metálico, siga el modelo para cortar cinco casquillos que midan, cada uno, 4" en sus bordes rectos. (Vea la Figura 4.) Ponga estos casquillos a un lado.

10. Sin desdoblar las hojas de papel de China, córtelas en forma transversal para formar tiras de 3" de ancho. (El número de hojas que puedan cortarse al mismo tiempo dependerá de la edad de los alumnos, del tipo de tijeras usadas, y del filo que éstas tengan.) El tamaño de cada tira será de 3" x 30".

5.

11. Doble los grupos de cuatro tiras por la mitad, en forma longitudinal. Comenzando a partir del borde abierto, haga cortes de 2 1/2" de largo hacia el borde doblado. Los cortes deben espaciarse cada 1/2". (Vea la Figura 5.). Ponga las tiras con fleco a un lado.

12. Para hacer las borlas, corte el resto del papel de China en tiras de 1/4" x 3-1/2" o más largas. Divida las borlas en cinco grupos iguales.

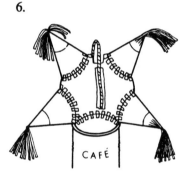

6.

CAFÉ

13. Pegue un grupo de mechones en la punta de cada cono con goma de pegar de caucho. (Vea la Figura 6.)

14. Cubra con goma de caucho la superficie entera de un casquillo de papel de aluminio o papel metálico. Envuelva la punta del cono con el casquillo, superponiendo los lados derechos y asegurando las borlas en su sitio. Siga este mismo procedimiento con los otros cuatro conos.

15. Usando la cinta adhesiva de papel, asegure la cuerda alrededor de la piñata. (Vea la Figura 6.)

7.

CAFÉ

16. Separe las tiras con fleco. Use una brocha para distribuir goma de caucho a lo largo del borde doblado de una tira. Comenzando junto a la base de un cono, pegue la tira con fleco al cuerpo de la piñata. De allí en adelante, aplique goma a cada tira y péguela de manera que se vea únicamente el fleco de la tira anterior. (Vea la Figura 7.)

17. Llene la piñata con frutas, juguetes o golosinas tradicionales.

18. Cubra la sección abierta de la piñata con tiras adicionales. (Esto es opcional.)

19. Cuelgue la piñata con la cuerda gruesa y ¡qué empiece la fiesta!

Para otras épocas del año: Se puede hacer (¡y romper!) una piñata hermosa o cómica para celebrar cualquier día festivo u ocasión especial durante el año.

NOCHEBUENA

El 24 de diciembre, después de la tradicional cena de Nochebuena, los huéspedes se trasladan en procesión a la iglesia para asistir a la Misa del Gallo (misa que se celebra a medianoche). Se llama así porque antiguamente era tan larga que los que asistían podían escuchar los gallos cantando cuando regresaban a sus casas después de la misa. La noche estalla en alegría y fuegos artificiales.

Sí, Es Nochebuena

Es-ta sí qu'es No-che Bue-na, No-che Bue-na, no-che de co-mer bu-ñue-los.

Esta sí que es Nochebuena, Nochebuena,
Noche de comer buñuelos.
Y en mi casa no los hacen, no los hacen,
por falta de harina y huevos.

Temprano en la mañana del día de Navidad, se coloca en el pesebre una imagen representando al Niño Jesús. Todos los presentes se arrodillan y cantan una canción de cuna.

Oremos

Esta cantinela la cantan en español los niños de Nuevo México en la fría mañana de Navidad. Los vecinos les dan pasteles dulces y juguetitos.

Oremos, oremos.
Angelitos somos;
A pedir aguinaldos
y rezando oremos.

EL NACIMIENTO

El origen del "nacimiento" o escena de la Natividad se atribuye a San Francisco de Asís. En 1223, San Francisco organizó un grupo de personas y animales para crear un cuadro viviente que representara el nacimiento de Cristo. El nacimiento no llegó a popularizarse ampliamente en las Américas sino hasta principios del siglo XVIII. Los materiales más frecuentemente utilizados en su construcción eran madera labrada, arcilla cubierta de oropel, marfil, hueso y porcelana.

Las figuras para los nacimientos se fabrican de todos los tamaños, desde miniaturas hasta figuras más grandes que el tamaño natural. Los nacimientos se encuentran en casi todas las casas y plazas de la América Latina durante las fiestas navideñas. Los miembros de la Sagrada Familia, los pastores, los reyes y los ángeles son frecuentemente representados como gente del pueblo, vestida según la costumbre de la región donde se han fabricado las figuras. Algunos nacimientos ocupan una sala entera e incluyen cascadas y lagunas pequeñas. Para adornarlos, o para adornar los lugares en que se celebran las posadas, se usa heno. Esta planta de color gris-verdoso se alimenta del aire, y crece en los cipreses de los altiplanos de México. El heno se vende en haces pequeños durante el mes de diciembre y conserva su colorido durante muchas semanas después de la Navidad.

Los nacimientos, ya sean elaborados o sencillos, forman una parte muy especial de la tradición navideña.

Nota: Las instrucciones incluidas en las siguientes páginas para hacer figuras de nacimiento con tarjetas de archivo, para el móvil "¡Jesús, María y José! ¡Qué Móvil!" o de arcilla, pueden adaptarse para representar una variedad de escenas, por ejemplo, el modelo de una comunidad, una finca, un teatro, una feria o un circo.

Figuras hechas con tarjetas de fichero

Materiales:

- entre 10 y 13 tarjetas de cartoncillo de tamaño 4" x 4 1/2" (de varios colores)
- tijeras
- entre 10 y 13 tarjetas de tamaño 3" x 5"
- creyones, acuarelas o plumones
- chispitas metálicas, cinta zigzag, lentejuelas, tela que simule el pelambre de un animal, papel metálico, bolitas de algodón, goma de pegar (materiales opcionales)

Instrucciones:

1. Para hacer cada base, doble una hoja de cartoncillo por la mitad, en forma longitudinal.

2. Comenzando en un punto a 3/4" del lado izquierdo, haga un corte vertical de 1 1/2" en el borde superior. Comenzando en un punto a 3/4" del lado derecho, haga otro corte vertical de 1 1/2" en el borde superior. (Véase la figura a continuación)

3. Dibuje o pinte las caras y el vestuario de las figuras del nacimiento en las tarjetas de 3" x 5".

4. Inserte cada tarjeta de 3" x 5" en los cortes hechos en la base de cartoncillo apropiada.

Sugerencia: Decore los mantos de los Tres Reyes Magos con cinta zigzag, chispitas metálicas, lentejuelas y pelambre artificial. Las coronas pueden hacerse de papel metálico. Use pelambre artificial pegado a la tarjeta con goma para imitar el cabello, las barbas, los bigotes y las cejas, el pelambre de los animales, etc.

¡Jesús, María y José! ¡Qué Móvil!

Materiales:
- papel cartoncillo, cartulina, papel poster, o triplay
- patrón de la escena de la Natividad (en cualquier tamaño) y lápiz
- tijeras o serrucho, y una perforadora
- pintura tempera o poster, acrílica, creyones, o plumones
- resistol, o pistola con pegamento caliente
- hilo (de cualquier largo) o listón acanalado de 1/4" (cualquier color)

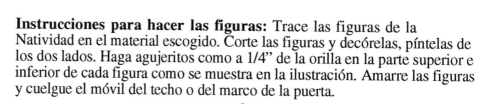

Instrucciones para hacer las figuras: Trace las figuras de la Natividad en el material escogido. Corte las figuras y decórelas, píntelas de los dos lados. Haga agujeritos como a 1/4" de la orilla en la parte superior e inferior de cada figura como se muestra en la ilustración. Amarre las figuras y cuelgue el móvil del techo o del marco de la puerta.

o

La manera más fácil de hacer un móvil es cortando dos copias de cada figura, cortando dos pares juntos. Decore un lado de cada copia y colóquelas tal como van a colgar. Coloque el hilo en el centro de una de las dos figuras y péguelo. Después pegue la segunda copia de la figura sobre la primera, apriete y júntelas con cuidado.

Sugerencias: Añádales diamantina, lentejuelas, espiguilla, etc. a las vestimentas de los Tres Reyes. Pegue pedacitos de algodón en los borreguitos. Use peluche o cualquier pelambre artificial para la barba de San José y el cuerpo del burro. Use papel cascarón o poster para figuras más grandes.

Figuras hechas de arcilla

Materiales:
- arcilla que se endurece sola o masa de harina (Véanse las instrucciones para los ORNAMENTOS DE MASA DE HARINA)
- una taza pequeña con agua
- un palillo de dientes
- una mesa de trabajo, cubierta con papel de periódico en blanco o con plástico
- pintura al temple (de varios colores)
- brochas de pintar (de varios tamaños)
- algodón o pelambre artificial (opcional)

Instrucciones para hacer las figuras humanas:
1. Enrolle un pedazo de arcilla del tamaño de una naranja mandarina hasta darle la forma de un chorizo pequeño. Aplaste un poco el extremo inferior de modo que se pueda parar. (Véanse las ilustraciones en la página 33)

2. Para la cabeza de la figura, forme una bola de arcilla del tamaño de una uva grande. Remójese un dedo y pegue la cabeza a la base alisándola con el dedo mojado.

3. Haga dos rollitos delgados para usarlos como brazos. Remójese nuevamente un dedo y pegue los brazos al cuerpo de la figura.

4. Para formar las piernas de las figuras arrodilladas, enrolle dos pedacitos de arcilla. Haga entonces dos bolitas de arcilla para los pies, remójese el dedo y pegue una bolita en el extremo de cada pierna, formando un ángulo recto. Pegue las piernas al cuerpo de la figura en ángulos rectos.

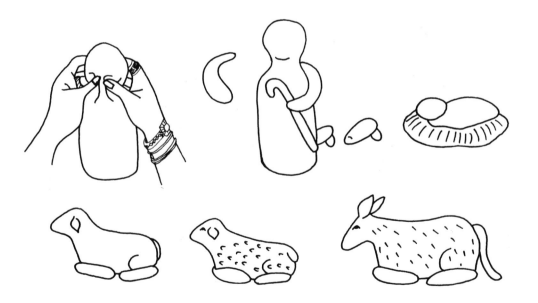

LA FLOR DE NOCHEBUENA
Un Regalo indo-hispánico al Mundo

La Flor de Nochebuena/Flor de Pascua era conocida por los aztecas con el nombre de Cuetlaxochitl — "la flor de la pureza." Durante la época colonial, la planta llegó a asociarse con los nacimientos, debido a que se pone más vistosa durante los días cortos del mes de diciembre. Con el correr del tiempo se la comenzó a llamar "la Flor de Nochebuena" (también se le conoce como "Flor de Pascuas"). En 1826, Joel R. Poinsett, el primer embajador estadounidense ante el gobierno de México, introdujo esta flor en los Estados Unidos, donde se popularizó con el nombre de "poinsettia."

Las verdaderas flores de esta planta son los racimos amarillos en el centro de las brácteas, las cuales pueden ser de color rojo, blanco, rosado o amarillo. Algunas plantas llegan a alcanzar diez pies de alto y tienen brácteas de un pie de largo. La Flor de Nochebuena dura más si, antes de ponerla en agua, se chamusca o sumerje en cera derretida la punta del tallo cortado para impedir que se le salga la savia.

brácteas

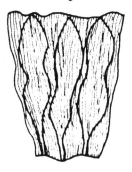

hojas

Flor de Nochebuena Hecha de Hojas

Materiales:

- 8 a 10 hojas (envolturas de maíz) para cada Flor de Nochebuena
- colorante vegetal: rojo, verde y amarillo (una botellita de una onza para cada color)
- 3 cuartos de agua caliente (1 cuarto para cada color)
- 3 tazas de vinagre (1 taza para cada color)
- tres torteras, de tamaño 9" x 12"
- un lápiz
- tijeras
- brochetas de cocina hechas de bambú
- estambre de lana o acrílico, de cualquier color
- cinta adhesiva de florista
- toallas (de tela viejas, o de papel), papel de periódico o un pedazo de material plástico

Instrucciones:

1. Vierta un cuarto de agua caliente, una taza de vinagre y una botella de colorante en cada tortera.

2. Separe las hojas. Póngalas a remojar en las torteras con agua y colorante amarillo, verde y rojo por un período de alrededor de 24 horas. Dele vueltas ocasionalmente, asegurándose de que estén completamente sumergidas en la mezcla de agua y colorante.

3. Use un lápiz para dibujar la silueta de 13 brácteas (2 por hoja). Dibuje por lo menos tres hojas en cada hoja para cada una de las flores. Sólo se necesita una hoja por cada ramillete de flecos amarillos.

4. Corte las siluetas de las brácteas y de las hojas.

5. Cuando las hojas estén completamente secas, dibuje los detalles de las brácteas y de las hojas con marcadores permanentes con punta de felpa.

6. Empezando por el borde más ancho de una hoja amarilla, corte diez flecos de 1/16" de ancho.

7. Ate un nudo a 1/2" del borde superior de cada fleco. (La parte superior es la punta más delgada.) (Vea la Figura 3.)

8. Recoja los diez flecos alrededor de una brocheta de bambú y amárrelo bien con estambre para asegurarlo.

9. Sumerja cada bráctea en un tazón de agua clara durante un minuto. Sacúdale el exceso de agua, entonces coloque la bráctea en la brocheta de bambú. (Este procedimiento facilita el trabajo con la bráctea.) De esta forma coloque las brácteas alrededor de la brocheta. NO sumerja todas las brácteas juntas.

10. Enrolle cinta adhesiva de florista alrededor de la base del conjunto de la bráctea, asegurándose de que todo el estambre quede cubierto.

11. Continúe enrollando la cinta hacia abajo en espiral alrededor del tallo (la brocheta), mientras coloca las hojas en el mismo a más o menos 1" de distancia. (Vea la ilustración en la página 41.)

Para otras épocas del año: Para hacer flores apropiadas para cualquier estación del año, las hojas pueden teñirse de diferentes colores y las formas de los pétalos y las hojas se pueden cortar en formas diferentes. Use las tijeras para cortar en zig-zag para cortar los pétalos y acuarelas para pintar las puntas de los pétalos. Para flores más pequeñas, se puede utilizar limpiapipas en vez de brochetas de cocina para hacer los tallos.

1.

flecos

ángel de
cartoncillo

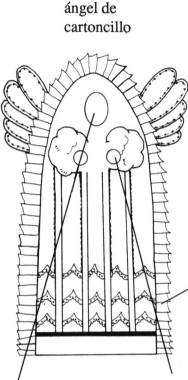

La palabra ángel se usa en la religión cristiana para designar a un espíritu que se ocupa de transmitir mensajes importantes a los seres humanos que están sobre la tierra. Los ángeles son de género neutro. El ángel Gabriel le anunció a María el nacimiento milagroso de Jesús.

Las imágenes de los ángeles se usan para decorar los nacimientos y árboles de Navidad. A los niños les encantan los ángeles ingeniosamente fabricados de hojalata, masa de harina, cartón piedra (papier mâché) o estambre que abundan durante las fiestas navideñas.

papel de china plegado

Ornamento en Forma de Angel, o Adorno para la Punta del Arbol de Navidad

abertura para
la cara

aberturas para
las manos

Materiales:

- silueta en forma de ángel (amplíela o redúzcala, según sea necesario, en la fotocopiadora)
- una hoja de cartoncillo
- tijeras
- un alfiler con cabeza grande de plástico (pushpin)
- creyones o plumas con punta de felpa
- chispitas metálicas y goma de pegar (opcional)
- cinta adhesiva transparente
- una fotografía de cada niño
- un pedazo de estambre o de cuerda, de 4" de largo

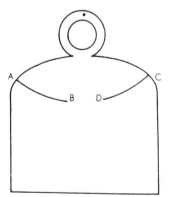

Instrucciones:

1. Por lo menos una semana antes de empezar este proyecto, envíe una nota a los padres de los alumnos solicitándole una fotografía pequeña de cada niño.

2. Trace la silueta del ángel sobre el cartoncillo y recórtela.

3. Con las tijeras corte las ranuras AB y CD.

4. Use el alfiler con cabeza grande de plástico para hacer un agujero en el halo del ángel.

5. Dibuje la vestimenta del ángel, las alas y el halo. Péguele las chispitas metálicas al halo, al vestido y a las alas (opcional).

6. Con la cinta adhesiva asegure la fotografía en su lugar.

7. Coloque el punto A sobre el punto C como se muestra en la ilustración y asegure la unión con cinta adhesiva.

8. Pase el hilo a través del agujero en el halo y amarre las puntas.

Disfraz de Angel

Los disfraces de ángel pueden hacerse con sábanas blancas viejas o con lamé plateado o dorado. Se le pueden agregar los detalles con pintura para tela, creyones para tela, plumas con punta de felpa, cinta zig-zag, bolígrafos de chispitas metálicas, y tela pegada sobre cartoncillo.

Las alas pueden cortarse del cartoncillo y decorarse con los materiales antes mencionados o con plumas blancas que pueden comprarse en las tiendas, las que venden artículos para hacer artesanías. Use pedazos de cinta ancha o un colorido cinturón o faja tejidos a mano (típicos de varios países de América Latina) para mantener las alas en su lugar (estilo imperial).

Haga los halos de espuma de goma rígida (styrofoam) o de platos de papel revestidos de plástico y decórelos con chispitas metálicas y/o con lentejuelas. También pueden hacerse halos resplandecientes uniendo pedazos de guirnaldas navideñas doradas o plateadas. O use guirnaldas decorativas (de papel de regalo) que se compran en las tiendas de variedades. (Vea las ilustraciones y las Fotografías Nos. 12 y 13.)

SAN NICOLAS Y SANTA CLAUS

¿Quién era San Nicolás y quién era Santa Claus? San Nicolás fue arzobispo de Myra, una población de Turquía, durante el siglo IV. La principal leyenda con respecto a él cuenta que les proveía oro en secreto a las tres hijas de un comerciante empobrecido. El echaba el oro por una ventana abierta y éste caía en una media que había sido colgada en la chimenea para que se secara (con cuidado de que no se quemara).

Durante la Edad Media la fiesta de San Nicolás, 6 de diciembre, se celebraba por distribuirles secretamente juguetes, golosinas y pan de gengibre a los niños. Alguien se vestía de San Nicolás para hacerlo. Por su parte los niños ponían heno, zanahorias y agua para su caballo. Después de la Reforma de Alemania, quitándole el énfasis a los santos, los niños le entregaban sus listas de regalos a San Nicolás, pero era "Kris Kringle" quien les traía los juguetes en la Navidad.

En Inglaterra las listas de la Navidad se le entregaban a San Nicolás o "Santa Claus," una figura legendaria que les traía regalos a los niños en la noche de Navidad. El concepto moderno de Santa Claus apareció por primera vez en el poema de Clement Moore "A Visit from St. Nicholas"/Una Visita de San Nicolás (1823), en el cual se incorporan el trineo y los renos. En 1863 el caricaturista Thomas Nast le agregó el traje adornado de piel.

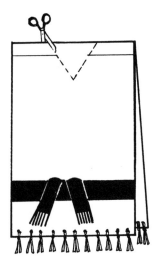

Disfraz de Santa Claus

Poncho: Para hacer el poncho de Santa Claus, use dos hojas de cartoncillo o de papel de dibujo tamaño 18" x 22". Usa la mitad de una hoja para hacer los ponchos de los estudiantes más pequeños. Haga un agujero para el cuello en forma de V. Pegue las hojas en los hombros con cinta adhesiva (de 2" de ancho si es posible). Abrale agujeros en el margen inferior. Ensarte los agujeros con dos pedazos de estambre blanco, cada uno de alrededor de 9" de largo, y átelos dejando flecos.

Sombrero: Para hacer el molde del sombrero de Santa Claus necesitará dos hojas de papel "Art Kraft" (se encuentra en las tiendas de materiales didácticos) color rojo y de 25" de diámetro o papel de estraza rojo. Con una brocha apliquesele a una de las hojas el engrudo preparado o el pegamento líquido, diluido en igual cantidad de agua. Póngale la segunda hoja encima y apriételas. La forma de la copa del sombrero se logra colocando las hojas de papel (ya mojadas en el pegamento) en la cabeza del que lo va a usar y

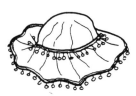

poniéndole cinta adhesiva de pintor o estambre alrededor de la base de la coronilla para que conserve la forma. Espere quince minutos. Saque el sombrero y rellene la copa con papel de periódico. Déjelo secar toda la noche. O coloque las hojas de papel mojado sobre un tazón plástico del tamaño de la cabeza del que lo va a usar y déjelas allí durante toda la noche. Póngale objetos pesados alrededor del borde para que se mantenga plano. Decore la copa y el borde (de ambos lados) con marcadores opacos dorados o plateados y cinta zig-zag, de forma que parezca el sombrero del integrante de un mariachi. Para que la ropa de Santa aparezca más elegante, puede agregársele un flequillo, hecho de bolas de algodón alrededor del borde del sombrero y en la margen inferior del poncho, como se muestra en la ilustración. (Vea la Fotografía No. 14.)

Botas: Haga las botas de Santa Claus con papel de dibujo negro. Agréguele los detalles con un creyón o pluma con punta de felpa opaca. Asegúrelas alrededor de los tobillos con cinta adhesiva o con grapas. (Vea la ilustración.)

Barba: Corte la barba de Santa Claus de un rollo de algodón de primeros auxilios o de pelambre artificial blanca. Fíjela con un pedazo de estambre.

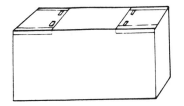

Disfraz de Reno

Reno hecho de una caja de cartón: Corte las tapas grandes y pequeñas y ponga la caja boca abajo. Del otro lado corte las tapas grandes. Pegue las tapas pequeñas en su lugar usando cinta adhesiva. (Vea la ilustración.) El hueco debe ser bastante grande para que el que va a usar el disfraz pueda entrar y salir. Use un cuchillo marca "Exacto" para hacer cuatro ranuras en la caja como se muestra en la ilustración. Pinte la caja de cualquier color (o colores). ¿Qué le parece un reno multicolor—cada lado de un color diferente? ¡Agréguele chispitas metálicas a la pintura al temple para ponerla en movimiento! Use cintas fuertes para hacer los tirantes para los hombros como se muestra en la ilustración. Se le pueden coser campanitas, lo cual le agregaría un alegre sonido navideño.

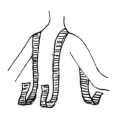

Pinte o dibuje la cara de un reno en la caja o en un pedazo de papel de dibujo. Péguele a la caja una cara de reno hecha en papel de dibujo, dejando espacio suficiente para rellenarla con papel de China o papel de periódico. Cierre los espacios con engrudo. Al otro lado póngale una cola hecha de lentejuelas, papel de China o estambre. Estos mismos materiales pueden usarse para hacer un flequillo alrededor del cuerpo del reno.

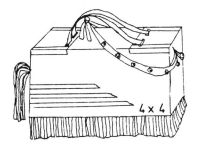

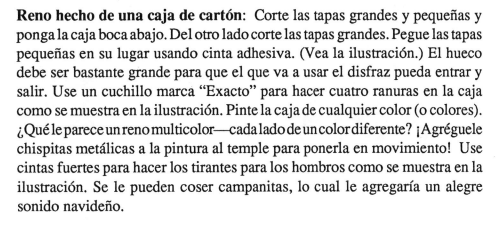

cuernos comunes

Esta actividad puede simplificarse haciendo los cuernos y una vincha de papel de dibujo y pegándole la cornamenta a la vincha. Use chispitas metálicas o bolígrafos de chispitas metálicas para hacer diseños indohispánicos en la vincha. Un brochazo de pintura facial o un poco de pintalabios en la punta de la nariz de uno de los estudiantes distingue a "Rodolfo" del resto de la manada. (Vea la ilustración y la Fotografía No. 15.)

cuernos estilo suroeste

por Patricia Salinas-Gatley, de 11 años de edad

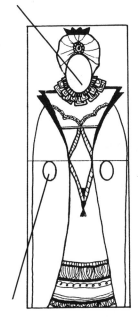

abertura para
la cara

aberturas para
las manos

EL DIA DE LOS REYES MAGOS

Para muchos indo-hispanos el 6 de enero, la Fiesta de la Epifanía o Día de los Reyes Magos, y no la Navidad, es el día en que se entregan los regalos. En esa fecha se celebra la llegada de los tres Reyes Magos a Belén a presentarle al Niño sus ofrendas de oro, incienso y mirra, doce días después de su nacimiento. Los Reyes Magos eran muy respetados por su conocimiento religioso. Se cree que Melchor era hindú; Gaspar, de Grecia y Baltasar, de Etiopía.

Los dueños de almacenes y los vendedores de juguetes ofrecen distintas imágenes de estos personajes bíblicos, entre ellas máscaras de cartón de piedra (papier mâché) con bigotes y coronas, muñecos vestidos con mantos muy elaborados y coronas, así como también figuras de arcilla para los nacimientos. La figura negra representa a Baltasar. Los niños envían cartas a los Reyes Magos para pedirles las cosas que quieren. Durante la noche del 5 de enero, mientras los nacimientos están todavía en su sitio, los niños ponen sus zapatos fuera o cerca de una ventana y esperan entusiasmados sus regalos anuales. La Epifanía se celebra de esta manera aun entre las familias que han adoptado la tradición de Santa Claus y el árbol de la Navidad.

Los Reyes Magos no deben colocarse entre las demás figuras del crèche (krāsh), sino que deben colocarse a cierta distancia para representar el hecho de que ellos venían del Oriente.

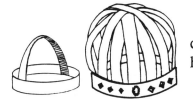

Disfraces de los Reyes Magos

Vea VESTUARIO PARA LAS POSADAS, página 20. Use 2 hojas de cartoncillo o de papel de dibujo tamaño 18" x 22" (por cada lado) para los estudiantes mayores y más altos y una hoja o media para los más pequeños. (Vea las Fotografías Nos. 17, 18 y 19.)

Coronas: Las coronas pueden hacerse de cartoncillo o papel de dibujo, o de servilletas o papel metálico. Salpíquelas con joyas plásticas que pueden conseguirse en una tienda de artículos de artes manuales. Vaya a un restaurante de cómida rápida donde preparan hamburguesas y pida, "¡Una corona y quédese con el resto!" Tape el nombre del restaurante con un pedazo de papel de dibujo o con fieltro y agréguele una joya o dos.

Retuerza un pedazo de tela, de 12" x 30", y enrólleselo en la cabeza a uno de los reyes al estilo turbante. Asegúrelo con un prendedor llamativo que puede comprar en una tienda de artículos usados. (Vea la ilustración.) Use prendedores y otras "joyas" para adornar las túnicas de los reyes.

modelo para
barba de estambre

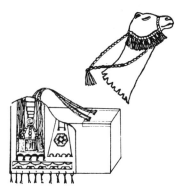

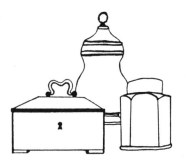

Tocado: En una hoja de cartoncillo tamaño 11" x 18" corte un hueco ovalado del tamaño del que va a usar el disfraz. Dibújele o píntele cabello, o puede pegarle pelo de muñeca, o hacer el pelo de algodón o estambre; póngale una corona de papel y una barba con pelambre artificial. Salpique la corona con joyas. Cuando haya hecho ésto, corte el cartoncillo sobrante. Los estudiantes, o cualesquier personas, pueden usar esta máscara integral en lugar de ponerse corona, peluca, barba postiza, etc. (Vea la ilustración y a Julián en la Fotografía No. 16.)

Camello: Vea DISFRAZ DE RENO, página 40, y el último párrafo de las esculturas de animales, página 21. Rellene la cabeza y el cuello, parte por parte, empezando con la cabeza. Haga una ranura de 1" alrededor de la base del cuello como se muestra en la ilustración. Engrape o pegue con cinta adhesiva la cabeza en un extremo de la caja que sea lo suficientemente grande para que quepa sobre el torso de quien vaya a usar el disfraz. Use pintura al temple para tapar la cinta adhesiva (opcional). Haga un hoyito en el otro lado de la caja. Pase hilo de oro o de plata o estambre a través del hoyo y asegúrelo (del lado interior de la caja) con cinta adhesiva o goma de pegar. La joroba del camello se hace con cartoncillo y después se pega a los lados de la caja. (Vea la ilustración y la Fotografía No. 20.)

Regalos: Para los regalos de los Reyes, use botellas de forma rara, jarras y cajas. Decórelas con cuentas, botones, macarrones secos en forma de caracól, pintura metálica en aerosol y joyas y gemas plásticas. (Vea las ilustraciones y la Fotografía No. 15.)

Los Tres Reyes Magos   José Antonio Burciaga, Stanford, CA

42

EL MAÍZ

Fue el descubrimiento del maíz hace más de 6,000 años lo que le permitió a las tribus nómadas de América del Norte y del Sur establecerse y posteriormente construir grandes civilizaciones. Las abundantes cosechas de maíz le permitieron a los antiguos contar con tiempo libre para producir magníficos textiles y cerámicas, para dedicarse a la ingeniería y a la construcción de pirámides, y para elaborar un calendario más preciso que el calendario europeo de la misma época.

El maíz vino a ser sinónimo de vida. La mayoría de las leyendas prehispánicas nos enseñan que la misma raza humana nació del maíz. La religión giraba en torno a la adoración de los dioses que podían brindarle protección a la cosecha de maíz y en torno de la búsqueda de la forma de aplacar aquellos que podían destruirla. El tiempo mismo fue definido a través de los ciclos de la siembra y la cosecha del grano. Los indígenas aprendieron a hacer tortillas de maíz, así como también ponche, maíz tostado, bebidas intoxicantes y maíz frito, el cual enfriaban y almacenaban.

El cultivo del maíz se expandió hacia el norte y hacia el sur de su punto de origen en el Valle de México. Cuando los primeros colonizadores europeos llegaron a lo que hoy se conoce como Nueva Inglaterra, los indígenas que vivían allí cultivaban maíz. La supervivencia de los colonizadores se debió en gran parte a que usaban el maíz como alimento principal. Los mayas, los aztecas y los incas hicieron del maíz su pan diario. Los colonizadores europeos adoptaron no solamente la planta, sino también los métodos de cultivo y el uso que los nativos habían desarrollado después de probar durante muchas generaciones.

Hay dos tipos principales de maíz: maíz indio, panizo de las Indias, también conocido como maíz mellado (indentata); y maíz dulce (saccharata).

El maíz dulce se come fresco, enlatado o congelado. El maíz mellado se usa para hacer maíz machacado. Después de sacarle el hollejo, el grano se somete a un tratamiento con cal, lo que ocasiona que se expanda. El diente de maíz tratado con cal se usa para hacer masa harina (harina de maíz para hacer tortillas, tamales, etc.). En el proceso se libera niacina lo cual resulta en la formación de óxido de calcio, haciendo del maíz un alimento muy nutritivo, especialmente cuando se come con frijoles. Hasta el día de hoy, el maíz constituye por lo menos la mitad de la dieta latinoamericana.

El maíz para hacer palomitas (everta) es casi exclusivamente un producto comercial estadounidense. Se caracteriza por granos pequeños y duros desprovistos de la fécula suave. Cuando éstos se calientan, la humedad de las células se expande, ocasionando que revienten.

El maíz de harina (amylaceae) tiene granos harinosos, compuestos mayormente de fécula. Este es el tipo que predomina en las regiones andinas de Bolivia, Ecuador y Perú, donde se encuentran muchas variedades del grano.

Todas y cada una de las partes de la planta son útiles. Los granos se usan hoy para comidas en forma de maíz machacado, almidón, harina de maíz, jarabe, cereales para el desayuno, aceite, confituras, atole, alimento para animales, cerveza y otras bebidas alcohólicas como el borbón, y en la industria química para fabricar el alcohol industrial. Las barbas del maíz hervidas sirven de agente diurético. Las mazorcas se usan como combustible y para hacer carbón, disolventes industriales, juguetes y pipas para fumar. La envoltura del maíz, conocida con el nombre de hoja, se usa para envolver los tamales, y para fabricar muñecas, figuritas de animales, coronas, canastas y guirnaldas ornamentales. El tallo se usa para fabricar papel y hojas de fibra prensada.

Yum Kak
(dios del maíz)

Guirnaldas Hechas de Hojas (Envolturas del Maíz)

Materiales:

- dos paquetes de hojas de 8 onzas (de venta en la mayoría de los supermercados)
- 1 botellita de 1 onza de colorante vegetal rojo
- 1 botellita de 1 onza de colorante vegetal verde
- 2 cuartos de galón de agua caliente
- 2 tazas de vinagre
- 2 torteras de tamaño 9" x 12"
- toallas, papel de periódico o un pedazo de material plástico
- engrapadora

Instrucciones:

1. Corte las hojas en tiras de aproximadamente 3/4" de ancho.

2. En cada una de las torteras, mezcle un cuarto de galón de agua caliente con una taza de vinagre y una botellita de colorante vegetal.

3. Separe las hojas de uno de los paquetes y colóquelas, en sentido longitudinal, en una de las torteras en la mezcla de agua y colorante. Separe las hojas del otro paquete y colóquelas de la misma manera en la otra tortera.

4. Remoje las hojas durante 24 horas por lo menos, rodándolas de vez en cuando. Asegúrese de que estén completamente sumergidas en el agua con colorante.

5. Coloque las hojas sobre una toalla de papel, toallas viejas de cocina, papel de periódico o un mantel plástico.

6. Cuando las hojas estén casi secas, junte los extremos de la primera tira y asegúrelos con una grapa para formar una O. Pase la segunda tira por el centro de la O y asegúrele los extremos con otra grapa. Repita este procedimiento hasta que la cadena alcance el largo deseado y luego déjela secar completamente. (Vea la Fotografía No. 21.)

Sugerencias: Experimente con una variedad de combinaciones de colores: tres eslabones rojos seguidos de dos verdes, cuatro rojos seguidos de cuatro verdes, etc.

Para otras épocas del año: Se puede crear adornos para el aula de clase que sean apropiados durante todo el año, combinando los colorantes de alimentos para teñir las hojas de morado, azul turquesa, chartreuse, etc. Para las festividades mexicanas use hojas rojas, verdes y sin teñir. En lugar de teñir las tiras de hojas dibuje en ellas diseños precolombinos o característicos del suroeste de los Estados Unidos usando plumas de punta de felpa.

árbol móvil de Navidad

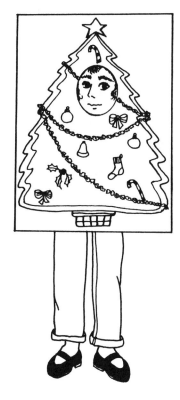

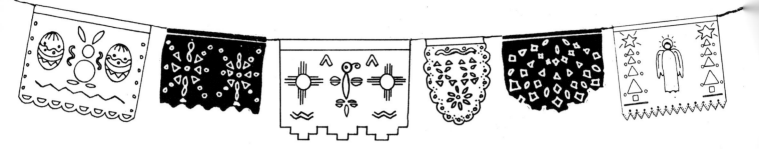

ESTANDARTES DE PAPEL PICADO

El papel de China (llamado así en honor del país donde tuvo su origen) se llama también "papel de seda" en algunas regiones del mundo de habla hispana, por su textura fina y sedosa. El tráfico comercial que empezó en el siglo XVII desde Asia y a través del Pacífico trajo exóticos cargamentos a México. Luego, los barcos eran cargados nuevamente con mercancía mexicana destinada a Europa vía los puertos españoles.

Hoy día, estos estandartes llenos de colorido, baratos, simétricos e intrincados adornan las calles y casas de México durante cada festividad. Sin embargo, prácticamente no existe documentación de esta forma de arte ya que el papel es altamente perecedero.

El papel picado puede hacerse con tijeras, con un cuchillo marca Exacto, o con moldes afilados diseñados para cortar 20 o 25 hojas al mismo tiempo. Los motivos ornamentales incluyen figuras humanas y de animales, alimentos, flores y letras. Los temas son relativos a la temporada y de carácter histórico. La fábrica de los instrumentos especiales para cortar muchas hojas de papel al mismo tiempo se puede encargar en México. Son caros y todavía no se encuentran en el mercado de los Estados Unidos. Para usarlos también se requiere el uso de un círculo plano de plomo para asegurar que el corte de cada hoja de papel de China sea claramente definido. Los cuchillos Exacto son muy peligrosos para ser usados en la escuela, así que las instrucciones que presentamos aquí son para hacer los cortes con tijeras.

Materiales:

- una hoja de papel de China o de papel metálico de tamaño 12" x 18"
- cuerda fina
- tijeras (diseñadas para usar con la mano derecha o con la mano izquierda)
- engrapadora o goma de pegar (en forma de barrita)

Antes de comenzar: Utilice una hoja de papel de oficio o de periódico, de tamaño 8 1/2" x 11", para practicar la manera de hacer los pliegues y de cortar. Al cortar, haga girar el papel en vez de las tijeras.

Instrucciones:

1. Doble un borde de la hoja de papel para formar una solapa de una pulgada de ancho a lo largo del lado de 18", deslizando la uña del dedo pulgar a lo largo del pliegue para alisarlo. Esta solapa está destinada a sostener el papel sobre la cuerda y por lo tanto no debe cortarse. (Vea la Figura 1.)

2. Doble la hoja por la mitad, con la solapa hacia afuera. (Vea la Figura 2.)

3. Doble la hoja de papel diagonalmente, de forma que AB se encuentre situada a lo largo del borde inferior de la solapa. (Vea la Figura 3.)

4. Doble el papel diagonalmente otra vez, de forma que AX se encuentre situada a lo largo del borde inferior de la solapa. (Vea la Figura 4.)

5. Corte siluetas o líneas ondulantes a lo largo de la línea XY, para adornar el borde del estandarte. (Vea la Figura 5.)

6. Corte una variedad de siluetas a lo largo del pliegue AY, espaciándolas de manera que unas partes del pliegue se queden sin cortar. El tamaño de las siluetas debe disminuir cerca del punto A. (Vea la Figura 6.)

7. Desdoble la hoja una sola vez y corte más siluetas a lo largo del pliegue AX. Desdoble el papel picado con cuidado, dejando doblada la solapa. (Vea la Figura 7.)

8. Una vez que haya hecho suficientes hojas de papel picado para colgar a lo largo de un tablero para anuncios o para colgar diagonalmente en cruz cerca del cielo raso, organícelas en el orden deseado sobre las mesas en el aula de clase. Use bastante cuerda; la que sobre puede cortarse.

9. Coloque la cuerda por debajo de la solapa de la primera hoja de papel picado y engrápela unas cuatro veces. (Las hojas pequeñas requieren menos grapitas.) (Vea la Figura 8.)

10. Para evitar que la hoja se deslice, coloque grapitas sobre la cuerda a cada extremo de la solapa.

Siga el mismo procedimiento con cada hoja de papel picado, dejando un espacio de aproximadamente una pulgada entre las hojas.

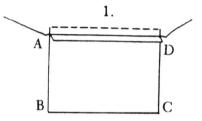

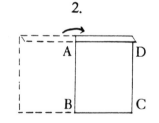

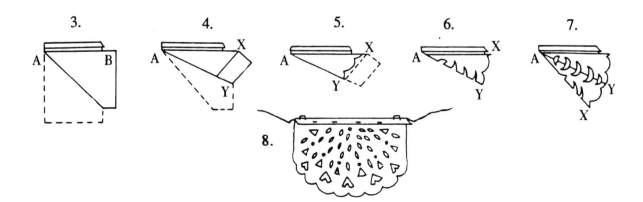

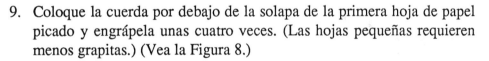

Sugerencia: Los estandartes de papel picado pueden ser de distintos tamaños, desde 4" x 6" hasta 9' x 10'. Siga las instrucciones para doblar y cortar el papel picado hasta el paso No. 5, usando dos hojas de papel de China o de papel metálico, una roja y una verde. Una vez que haya completado el paso No. 5, deje una de las hojas de lado, de cualquier color. En la otra hoja corte una variedad de siluetas siguiendo las instrucciones de los pasos No. 6 y No. 7. Ponga las hojas juntas de nuevo antes de engraparlas o pegarlas en la solapa. (Vea la ilustración de motivos navideños.)

Para otras épocas del año: Para el día de San Valentín y para el Día de los Muertos*, pueden cortarse motivos decorativos en forma de corazón de papel de China rojo o rosado. Péguelos sobre papel de dibujo rojo o rosado para hacer tarjetas de San Valentín o "novios" para los compañeros de clase, amigos especiales o miembros de la familia.

Para las festividades del 5 de mayo, del 16 de septiembre, o del Día de la Raza (vea el VOCABULARIO DE NAVIDAD), pueden cortarse estandartes rojos, blancos y verdes. Lamínelos y puede usarlos como tapetes o mantelitos individuales.

En los almacenes que venden materiales para artistas se puede obtener papel metálico dorado o plateado, para hacer papel picado de todos los tamaños para bodas u otras festividades especiales durante todo el año.

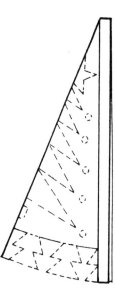 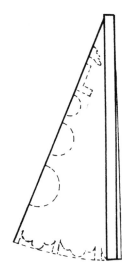 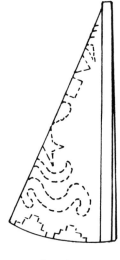

árbol de Navidad con   persona de nieve   varias formas
ornamentación de agujeros

* En la celebración del Día de los Muertos (1ro. y 2do. de noviembre) se combinan las tradiciones precolombinas de honrar a los muertos con las festividades católicas del Día de Todos los Santos y del Día de los Difuntos. Vea el libro de Bobbi Salinas *Indo-Hispanic Folk Art Traditions II/Tradiciones Artesanales Indo-Hispanas II*.

ARBOL DE LA VIDA

El tema del "Arbol de la Vida," que se encuentra en todo el mundo y a través de las edades en textiles, pinturas y grabados, simboliza la fertilidad, el crecimiento, el renacer y el ciclo de la vida y de la muerte. Se relaciona con las historias del Antiguo Testamento. El Arbol de la Vida puede servir simplemente de adorno o como candelabro. Los tamaños pueden variar de una pulgada a 10 pies de alto.

Los Arboles de la Vida de los tiempos precolombinos tenían un estilo geométrico. Los que vemos hoy día se derivan de una tradición de figuras de arcilla copiadas de las imágenes de los conventos de los franciscanos del siglo XVI, para su uso en altares domésticos. Los adornos incluyen figuras de nacimiento parecidas a muñequitos, ángeles, santos, pájaros, nubes, conchas, enredaderas, flores y hojas.

Arbol de la Vida (Con Nacimiento en el Centro)

Materiales:

- de dos a cuatro platos de papel de tamaño 6" x 9" (depende del espesor de los platos)
- una regla
- un lápiz
- tijeras
- una hoja de papel de dibujo blanco, de tamaño 8 1/2" x 11"
- engrudo de harina o goma de pegar
- plumas de punta de felpa
- modelos de figuras de Nacimiento y de ornamentos para decorar el Arbol de la Vida

Instrucciones:

1. Haga copias de las figuras de nacimiento y de los ornamentos para que los niños más pequeños puedan colorearlas y recortarlas.

2. Si se usan platos de papel finos para la base y el aro, péguelos uno encima de otro.

3. Usando la regla y el lápiz, dibuje líneas que dividan el plato de papel en ocho partes iguales, como se muestra en la Figura 1. Las líneas no deben ser de más de 2" de largo.

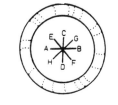

4. Corte a lo largo de las líneas A-B, C-D, etc. y doble ligeramente hacia atrás las puntas en el centro. Esta será la base de su Arbol de la Vida.

5. Recórtele el centro al otro plato de papel (o platos) para formar un aro.

6. Decore la base, el anillo y el tubo con las plumas de punta de felpa.

7. Enrolle el papel de dibujo hasta formar un tubo de aproximadamente 1" de diámetro y asegúrelo con engrudo o goma de pegar. (Vea la Figura 3.)

8. Haga pasar el tubo a través de la abertura en el centro de la base y asegúrelo con engrudo o goma de pegar. Pegue el anillo al tubo, como se muestra en la Figura 6.

2.

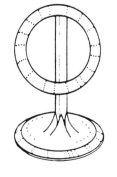

9. Pegue las figuras de nacimiento y los ornamentos ya terminados al Arbol de la Vida. (Vea la Fotografía No. 22.)

Sugerencias: Podría ser que los estudiantes mayores quisieran hacer sus propias figuras de nacimiento y ornamentos. Las figuras pueden pintarse o dibujarse en el anillo antes de pegar éste al tubo, o pueden recortarse de papel y pegarlas después al anillo.

Para otras épocas del año: Para un Arbol de la Vida que pueda usarse durante todo el año, el anillo cortado del segundo plato de papel puede decorarse con pájaros, nubes, conchas, enredaderas, flores, y hojas (o con cualquier combinación de estos motivos). Una combinación clásica incluye figuras de Adán y Eva, la serpiente y la manzana del árbol del bien y del mal.

3.

4.

EL ARTE DE TRABAJAR CON MASA DE PAN

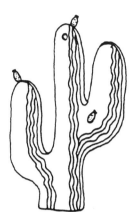

El migajón, o el arte de trabajar con masa de pan, probablemente se desarrolló en Ecuador hace cientos de años. Hoy día esta forma de arte folklórica está floreciendo en Ecuador y México. El migajón se usaba como sustituto de la arcilla de alfarero porque era más barato y no requería el uso del horno. Se mezcla pan blanco con goma de pegar, se enrolla, se aprieta y se exprime para hacer juguetes para los niños y "miniaturas" para adultos coleccionistas y para la decoración del hogar. Aquí le proporcionamos la receta básica del pan blanco, junto con una variación que puede ser manejada (o maltratada) tanto por niños de kindergarten como por personas adultas.

Receta Tradicional para Hacer Masa de Pan (Migajón)

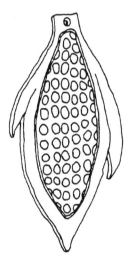

Materiales:

- 6 rebanadas de pan blanco blando o de pan francés
- 6 cucharaditas de goma de pegar marca Elmer's (medidas cuidadosamente) o 2 cucharaditas de glicerina (puede encontrarse en las farmacias)
- 1/2 cucharadita de detergente líquido
- un tazón
- pintura al temple o colorante vegetal (opcional)

Instrucciones:

1. Quítele la corteza al pan. (Sugerencia: guárdela para que se seque; cuando esté seca úsela como pan rallado en su cocina o para alimentar a los pájaros.)

2. Desmenuce el pan en un tazón.

3. Agréguele goma de pegar y detergente.

4. Use una cuchara de medir para revolver la mezcla durante 30 segundos.

5. Amase la mezcla con las manos hasta que deje de estar pegajosa. Amase la masa, déle forma y déjela secar sobre papel encerado. Use unas tijeras de manicure para cortar las siluetas y los detalles. Use un poquito de goma de pegar Elmer's para pegar las partes de la creación, como un brazo o los pétalos de una flor. Cuando la masa está todavía húmeda, pásele a la figura goma de pegar Elmer's diluida en igual cantidad de agua para darle un

terminado que le sirva de protección. El colorante vegetal o las pinturas al temple pueden mezclarse con la masa o pueden usarse para pintar las piezas terminadas. La masa que queda permanece flexible si se guarda en una bolsa de plástico bien sellada.

Ornamentos Hechos de Masa de Pan

Ingredientes para la masa:

- 2 tazas de harina
- 2 tazas de sal
- 1 taza de maicena
- 1 taza de agua (aproximadamente)
- colorante vegetal (opcional)

Materiales para los ornamentos:

- utensilios para cortar galletas o un cuchillo de poco filo
- presillas
- pinturas al temple
- barniz transparente en aerosol
- chispitas metálicas (opcional)
- alambre (o estambre) dorado o plateado para colgar los ornamentos

Instrucciones:

1. Mezcle los ingredientes completamente hasta que la masa al tocarla parezca arcilla.

2. Extienda un pedazo de masa hasta formar una capa de un espesor que no exceda 1/2".

3. Use el utensilio para cortar galletas o el cuchillo de poco filo para cortar los ornamentos.

4. Apriete las presillas en la masa húmeda para hacer un gancho (vea ORNAMENTOS PARA LA PIÑATA), o hágale un hoyo en la parte superior con un instrumento agudo (para colgarlos).

5. Deje descansar los ornamentos una media hora.

6. Después de poner los ornamentos en bandejas de hornear galletas, cubiertas de papel de aluminio, llévelos al horno a 200 grados F. hasta que empiecen a dorarse. El tiempo necesario dependerá del espesor de los ornamentos.

7. Deje que los ornamentos se enfríen por una hora aproximadamente antes de empezar a pintarlos y decorarlos.

Sugerencias: Déle forma a la masa (ambas recetas) como si fuera arcilla. Para crear diseños, experimente con la masa usando artefactos de cocina, presillas y cintas de goma. Esta receta para masa de pan puede usarse para hacer figuras de nacimiento y también para hacer un Arbol de la Vida.

Para otras épocas del año: La masa de pan puede usarse para hacer esculturas de todas clases, por ejemplo, corazones para el día de San Valentín, tréboles de cuatro hojas, huevos para la Pascua Florida, pan de muerto artificial, calaveras de azúcar para el Día de los Muertos, pan dulce artificial, frutas y vegetales, así como personas en diferentes profesiones y actividades de la vida.

ángel de Tehuantepec

FAROL HECHO DE HOJALATA

Inicialmente, los artesanos indígenas utilizaron láminas finas de oro y plata para crear algunos de sus objetos artesanales. Su preferencia por estos metales se basaba, no en su valor monetario, sino en el hecho de que se podían conseguir sin dificultad y eran de consistencia suave, lo cual permitía que se trabajaran con facilidad. Cuando los españoles les prohibieron el uso de estos metales, los artesanos comenzaron a usar hojalata. Hoy día, los hojalateros fabrican máscaras, espejos, charolas o bandejas, cofres para joyas, jarras, candelabros y lámparas. Con frecuencia los hojalateros transforman latas usadas en objetos de gran belleza. Cada Navidad, en todas las casas de México brillan velas encendidas dentro de faroles de hojalata decorados con motivos de encaje.

Materiales:

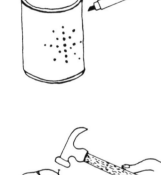

- una lata vacía lisa (para facilitar la abertura de orificios con un martillo)
- una pluma de punta de felpa
- una toallita de mano
- un martillo
- clavos de distintos tamaños
- una vela votiva
- un candelero para vela votiva
- alambre o limpiapipas para colgar el farol (opcional)

Instrucciones:

1. Usando una pluma con punta de felpa, haga un diseño de puntos (no use líneas) sobre la lata vacía. (Vea la Figura 1.)

2. Llene la lata de agua, dejando 1/4" sin llenar.

3. Congele el agua en la lata por dos días.

4. Coloque la lata de agua congelada sobre una toalla de mano y perfore los orificios con un martillo y un clavo, siguiendo el diseño hecho con puntos.

5. Perfore dos orificios en los lados opuestos de la lata, cerca del borde superior, para pasar el alambre de colgar (opcional).

6. Permita que el hielo se derrita; vacíe la lata y séquela completamente.

7. Encienda una vela y permita que gotee un poco de la cera en el fondo de la lata. Ponga la vela dentro de su candelero y oprímala sobre la cera en seguida, antes de que ésta se endurezca.

LUMINARIAS Y/O FAROLITOS

Desde los tiempos antiguos los cristianos en Europa encendían pequeñas fogatas que representaban las que usaban los pastores en Belén para calentarse. En el mundo occidental, los indígenas de América del Norte bailaban danzas de profundo contenido religioso mucho antes de la introducción del cristianismo. Estas ceremonias, que duraban entre cuatro y catorce días, incluían el uso de pequeñas hogueras de madera de piñón con el fin de obtener iluminación y calor.

En 1626, Fray Alonso Benavides observó, entre los colonizadores españoles en la región de Nuevo México, el uso de luminarias o fogatas. Las usaban para iluminarle el camino hacia sus casas al Niño Jesús en la víspera de la Navidad. Estas hogueras también se encendían en la víspera del día del santo patrono en cada iglesia de la misión.

La luminaria original fue una estructura de 20 a 30 pulgadas de alto, construida de leña cortada de manera uniforme y colocada con precisión para su uso como fogata. En el siglo XVII, época en que la mayoría de los techos de las casas del área estaban construidos de adobe (ladrillos hechos de lodo y paja), las luminarias se encendían con frecuencia sobre el techo de las casas.

El uso de faroles estilo chino para fiesta llegó a México a través de las Filipinas durante el período de intercambio comercial. Hoy día, las linternas chinas todavía se utilizan ampliamente en las fiestas, tanto adentro como afuera de las casas. Eventualmente la idea de estas linternas, llamadas farolitos en español, llegó al norte hasta Nuevo México para sustituir a las luminarias. Pero esas linternas caras y delicadas hechas de papel de China no se conservaban bien durante el viaje en las caravanas de carretas que venían desde México.

El uso de bolsas de papel para construir luminarias y farolitos comenzó después de la primera guerra mundial. Nadie sabe cómo se originó esta tradición, pero el hecho es que los vecinos imitaron a sus vecinos, y los pueblos imitaron a otros pueblos, hasta hoy cuando muchas familias en Nuevo México usan las luminarias para la celebración de ocasiones especiales, y particularmente durante la Navidad. Las luminarias se colocan con cuidado a lo largo de los muros, en los antepechos de las ventanas y sobre las ramas de los árboles, o alineadas para dibujar la silueta de los techos de adobe con su luz suave. Los viejitos y la gente del norte de Nuevo México todavía las llaman de "farolitos." Por cualquier nombre, las luminarias o sean los farolitos, dan un toque único a la época navideña en Nuevo México.

Materiales:

- una bolsa pequeña de papel de estraza, como las que se usan para llevar el almuerzo
- dos tasas de arena
- una vela
- un candelero (opcional)
- plumas de marcar, de varios colores (opcionales)
- tijeras

Instrucciones:

1. Doble hacia abajo el borde superior de la bolsa de papel, 1 1/2" aproximadamente.

2. Ponga la arena dentro de la bolsa.

3. Coloque la vela dentro de su recipiente y póngala cuidadosamente en el centro de la bolsa, enterrándole la parte inferior en la arena para que no se mueva. (Nota: Normalmente para hacer las luminarias no se usan los candeleros. Lo incluimos aquí como una precaución al trabajar con estudiantes pequeños.)

Sugerencia: Encienda la luminaria con fósforos largos de hogar. Las bolsas pueden cortarse y/o decorarse con las plumas de marcar si se desea. (Vea la ilustración y la Fotografía No. 24.)

Para otras épocas del año: Las luminarias y los farolitos pueden ser adornos atractivos y económicos para ser usados fuera de la casa en ocasiones especiales en cualquier época del año.

Nota: Si usted tiene interés en decorar su casa o la entrada de su garaje con luminarias o farolitos, consulte al departamento de bomberos de área donde usted vive cuanto a las ordenanzas locales que regulan su uso.

OJO DE DIOS

Muchas civilizaciones indígenas usan el "ojo de dios" para protegerse contra el mal. Se cree que el ojo de dios tuvo su origen en el Perú cerca del año 300 A.C. En sus inicios, pudo haber representado los cuatro elementos primordiales: la tierra, el fuego, el agua y el aire.

La gente del pueblo huichol de México lo consideran como un talismán relacionado con el sol, la lluvia y los alimentos. Los padres dedican los ojos de dios a las deidades en nombre de sus hijos. Cuando nace un bebé, el padre teje la parte central del ojo en forma de rombo. Cada año que transcurre en la vida del niño, se le añade otro rombo, hasta llegar a la edad de cinco años, cuando el ojo de dios queda terminado.

El ojo de dios se construye estirando pedazos de estambre de colores vivos para formar un rombo sobre pedacitos cruzados de madera o de bambú. El centro simboliza el ojo por medio del cual una deidad observa las acciones de sus seguidores.

Materiales:

- 2 maderitas de helados (o espigas de madera de 1/4" de diámetro para ojos de dios más grandes)
- estambre de lana o acrílico (de varios colores)
- tijeras
- cuentas o bolitas perforadas para collares, o macarrones en forma de tubo (opcionales)
- goma de pegar

Instrucciones:

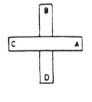

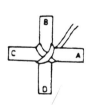

1. Junte las maderitas de helado o las espigas de madera en forma de cruz y péguelas con goma de pegar. Permita que la goma se seque, y luego amarre el extremo de un pedazo de estambre donde las piezas se cruzan, con un nudo en el reverso de la cruz, como se muestra en la ilustración. (Si está usando espigas, átelas en ángulo recto con uno de los extremos del pedazo de estambre.)

2. Manteniendo un poco de tensión en el estambre, páselo delante de la pieza A de la cruz y luego detrás de ella, como se muestra.

3. Pase el estambre primero detrás, y luego delante, de la pieza B, y finalmente detrás de ella otra vez.

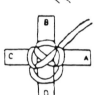

4. Pase el estambre primero detrás, y luego delante, de la pieza C, y finalmente detrás de ella otra vez.

5. Pase el estambre primero detrás, y luego delante, de la pieza D, y finalmente detrás de ella otra vez.

6. Repita el proceso anterior, procediendo siempre hacia los extremos de las piezas de madera. Se puede usar estambre de distintos colores según se desea durante el proceso de tejer. Las cuentas o los macarrones pueden ensartarse en el estambre a medida que se teje éste en las piezas de madera.

7. Deje descubiertas las puntas de las piezas de madera. Añada pedacitos de estambre en estos extremos para formar borlas.

Sugerencia: Los ojos de dios pequeños pueden usarse separadamente como ornamentos de Navidad.

Para otras épocas del año: Coloque varios ojos de dios en grupo sobre una pared o cuélguelos juntos para formar una escultura móvil.

PINTURAS DE ESTAMBRE
ESTILO HUICHOL

Debido a su aislamiento geográfico en montañas de acceso difícil al norte de Jalisco, Durango, Zacatecas y Nayarit, los huicholes se encontraron entre las últimas tribus sometidas al control de los españoles. No fueron conquistados sino hasta 1721. Los esfuerzos de los misioneros para convertirlos fracasaron. Los huicholes lograron preservar su religión, su idioma y sus prácticas medicinales tradicionales.

Los huicholes son famosos por sus pinturas de estambre, las cuales desarrollaron en época relativamente reciente, durante los últimos 40 años. Un artista huichol extiende sobre una tabla una capa pareja de cera de abeja calentada al sol. El artista entonces graba en la cera, con un instrumento puntiagudo, diseños basados en un simbolismo complejo y en costumbres antiguas. Después, para llenar los motivos grabados, presiona sobre la cera pedazos de estambre de colores brillantes. Cuando la cera se enfria, el estambre queda firmemente pegado a ella.

Ornamentos Estilo Huichol

Materiales:

- una hoja de cartoncillo o de cartón liviano (de cualquier tamaño)
- un lápiz
- goma de pegar blanca líquida
- estambre de lana o acrílico (de colores vivos)
- tijeras

Instrucciones:

1. Dibuje los diseños deseados sobre el cartoncillo o el cartón.

2. Corte el estambre a la largura apropiada.

3. Coloque una línea delgada de goma a lo largo del trazado de los diseños básicos y déjela secar por cerca de 2 minutos.

4. Coloque el estambre sobre la goma y oprímalo ligeramente, de manera que la goma toque solamente la parte inferior del estambre.

5. Comenzando en el centro del diseño y trabajando de allí hacia afuera, llene el diseño con más goma y con estambre de distintos colores, colocando los hilos tan juntos como sea posible.

6. Ponga la pintura de estambre a un lado y déjela secar completamente.

Sugerencia: Esta técnica de pintar con estambre puede utilizarse para decorar nacimientos (usando hilos dorados y plateados si se quiere).

Para otras épocas del año: Utilice pinturas de estambre en tarjetas para el día de San Valentín u otras ocasiones especiales, para diseños sobre papel en forma de huevos adornados para las festividades de la Pascua Florida, o para marcos de cualquier tamaño y forma. También pueden usarse para hacer los "novios" que se intercambian durante la celebración del Día de los Muertos.

LA ROSCA DE REYES

La Rosca de Reyes se hace de una masa especial a la que se da la forma de un anillo ovalado, y luego se cubre con frutas confitadas. Antes de hornearla, se coloca dentro de ella un muñequito de porcelana que representa al Niño Jesús. La persona a quien le toca el pedazo de rosca que contiene el muñequito está obligada a dar una fiesta el 2 de febrero, Día de la Candelaria. (Vea Vocabulario de Navidad.)

Ingredientes:

- 2 paquetes de levadura seca
- 1 taza de agua tibia
- 5 tazas de harina de uso general, sin cernir
- 1/4 taza de leche en polvo instantánea, desnatada
- 1 taza de mantequilla o de margarina, ablandada
- 1/2 taza de azúcar
- 1 cucharadita de sal
- 3 huevos
- 1/2 taza de pasas de uva
- 1/2 taza de nueces picadas
- 1/4 taza de cerezas confitadas picadas
- 1 cucharada de cáscara de limón rallada y 1 cucharada de cáscara de naranja rallada
- 3 cucharadas de crema y leche combinadas en partes iguales
- 2 tazas de azúcar de confitería, cernido
- 1/2 cucharadita de vainilla
- frutas confitadas y nueces

Instrucciones para hornear el pan:

1. En un tazón grande, disuelva la levadura en agua tibia.

2. Añada 1 1/4 tazas de harina y toda la leche en polvo. Usando una cuchara de madera, bata bien la mezcla por 3 minutos. Cúbrala y déjela en reposo por 30 minutos en un sitio cálido y cubierta.

3. En otro tazón, mezcle la mantequilla con el azúcar y la sal.

4. Añada los huevos uno por uno, batiendo hasta que se mezcle bien cada huevo.

5. Después de que pasen 30 minutos, añada la mezcla de mantequilla y huevo a la masa de levadura y harina en el primer tazón. Bata la mezcla por 3 minutos.

6. Añada gradualmente las otras 3 3/4 tazas de harina.

7. Ponga la masa sobre una tabla espolvoreada con una capa delgada de harina y amásela durante 8 minutos o hasta que se ponga elástica.

8. Deposite la masa en un tazón engrasado. Déle vuelta para que la superficie de arriba se engrase. Cúbrala y déjela crecer en un sitio cálido y abrigado, hasta que crezca al doble de su tamaño original (aproximadamente 1 1/2 horas).

9. Combine las pasas, nueces y cerezas con la cáscara rallada de limón y de naranja.

10. Extienda la masa sobre una superficie espolvoreada de harina hasta que llegue a tener una forma circular de aproximadamente 10 pulgadas. Desparrame la forma circular con la mezcla de frutas y nueces, y amásela hasta que la mezcla quede uniformemente distribuida en la masa.

11. Divida la masa en dos partes iguales. Amase cada parte hasta formar un rollo de aproximadamente 20 pulgadas de largo.

12. Doble cada rollo y una los extremos hasta formar un anillo ovalado. Coloque el anillo en una bandeja de hornear engrasada.

13. Cubra el anillo y déjelo crecer durante aproximadamente 30 minutos.

14. Hornee el anillo en un horno calentado antes a 400 grados F. durante 25 a 30 minutos.

15. Deje enfriar la rosca. Saque un trocito de la parte superior de cada rosca y coloque un muñequito dentro de la misma. Cubra el muñequito con el trocito que sacó. (Vea la nota más adelante.)

Instrucciones para glasear la rosca:

1. Mezcle la crema con la leche, el azúcar de confitería y la vainilla.

2. Vierta la mezcla de manera uniforme sobre la rosca. Adórnela con "joyas" de frutas confitadas y nueces enteras o cortadas.

Nota: En México, el muñequito que representa al Niño Jesús está fabricado de porcelana y generalmente se hornea dentro de la rosca. Es posible que usted tenga que conformarse con un muñequito de plástico que se derretiría al ponerlo en el horno. Por consiguiente, le recomendamos el método de insertar el muñequito después de hornear la rosca. La mezcla utilizada para glasear cubrirá el corte hecho para insertar el muñequito.

LOS BIZCOCHITOS DE MAMA

Los dulces que más se asocian con la Navidad en Nuevo México son los bizcochitos, unas galletas que saben a anís (cuyo olor se parece con el de orozuz), azúcar y canela.

Ingredientes:

- 1/2 taza de agua
- 1 cucharada de semillas de anís
- 1 cucharadita de sal
- 1 cucharadita de canela
- 2 tazas de manteca vegetal, por ejemplo, Crisco
- 1 taza de azúcar granulado
- 4-5 tazas de harina cernida
- mezcla de azúcar y canela molida

Instrucciones para hornear los bizcochitos:

1. Caliente el horno a 400 grados F.

2. Combine agua, semillas de anís, sal y canela, y guárdelo.

3. Bata la mantequilla y el azúcar junta hasta que la mezcla tenga consistencia cremosa.

4. Agrégue la harina y amase.

5. Añada agua a la mezcla y siga amasando hasta que se mezcle bien.

6. Sobre una tabla espolvoreada ligeramente de harina, estire la masa hasta que alcance un espesor de 1/16".

7. Corte la masa estirada con un utensilio para cortar galletas de Navidad; o estire la masa hasta que alcance un espesor de 1/8" y corte con un cuchillo siluetas propias del "suroeste." (Secreto de cocina; mientras más fina la masa más sabrosas las galletas!)

8. Coloque las formas cortadas sobre una bandeja para hornear galletas sin grasa y hornélas durante 8 o 10 minutos a una temperatura moderada (350 grados F.), hasta que se doren.

9. Mientras los bizcochitos están todavía calientes, revuélquelos en la mezcla de azúcar y canela.

Rinde alrededor de cuatro docenas.

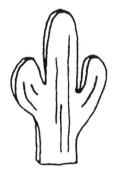

BUÑUELOS
Pan Frito

Ingredientes:

- 4 tazas de harina
- 2 cucharadas de manteca
- 2 cucharaditas de sal
- 1 cucharadita de polvo de hornear
- 1 1/2 tazas de agua tibia

Instrucciones para cocinar los buñuelos:

1. Combine los ingredientes secos, cerniéndolos juntos.

2. Añada primero la manteca y luego el agua, y amase la mezcla.

3. Divida la masa en 12 bolitas de tamaño uniforme.

4. Aplaste cada bolita y estírela con la mano hasta que alcance un tamaño de 5" de diámetro.

5. Fría las tortas en aceite abundante a 425 grados F., hasta que se doren.

Nota: La receta está ajustada para dar buenos resultados al nivel del mar. En regiones de más altura, use menos polvo de hornear.

AL MINUTO

Buñuelos

Ingredientes:

- 1 docena de tortillas de harina
- aceite
- 2 cucharadas de azúcar
- 1 cucharada de canela molida

Instrucciones para cocinar los buñuelos:

1. Mezcle bien el azúcar con la canela.

2. En una sartan grande, fría las tortillas hasta dorarlas ligeramente.

3. Escurra las tortillas sobre toallas de papel y esparza la mezcla de azúcar y canela sobre ellas. Sírvalas mientras están todavía calientes.

Sugerencia: Divida las tortillas en mitades o en cuartos si desea servir porciones más pequeñas.

SOPAIPILLAS
(Un Manjar Exquisito de Nuevo México)

Las sopaipillas son verdaderamente una golosina de Nuevo México. Las "almohaditas infladas" de los restaurantes son triangulares y miden unas 6" transversalmente. Las sopaipillas caseras son triangulares u oblongas y miden unas 3" transversalmente.

Las sopaipillas, al igual que los burritos, pueden rellenarse con una variedad de cosas, o pueden usarse para absorber el chile. El uso más común es hacerle un corte a la sopaipilla, ponerle un poco de mantequilla y/o echarle un poquito de miel adentro y servirla, como pan para acompañar la comida, o como postre.

Ingredientes:

- 4 tazas de harina
- 4 cucharaditas de polvo de hornear
- 1 cucharadita de sal
- 2 cucharaditas de azúcar
- 3 cucharadas de manteca o de grasa vegetal
- agua según se necesite (aproximadamente 3/4 de taza)
- 2" de aceite de cártamo o de cacahuate en una cacerola profunda
- toallas de papel
- miel al gusto

Instrucciones para cocinar las sopaipillas:

1. Mezcle la harina, el polvo de hornear, la sal y el azúcar y ciérnalos.

2. Añada la grasa y luego añada agua suficiente para hacer una masa bastante seca.

3. Deje la masa en reposo por 20 minutos.

4. Estire la masa sobre una tabla espolvoreada con una capa delgada de harina, hasta que tenga un espesor de 1/4". Corte la masa en cuadritos de 3".

5. Caliente el aceite hasta que esté a punto de humear; luego baje el fuego a un nivel moderado.

6. Coloque un cuadrito de masa en el aceite caliente y empújelo ligeramente con el dorso de un tenedor de mesa hasta sumergirlo. Dele vuelta y fríalo hasta que se infle y se dore. (El procedimiento entero toma sólo unos segundos.) Saque la sopaipilla del aceite y póngala sobre toallas de papel para escurrirla. Repita el procedimiento con 3 cuadritos más, uno por uno.

7. Vuelva a calentar el aceite antes de freir 4 cuadritos más.

8. Corte una de las esquinas de cada sopaipilla y póngale unas gotas de miel adentro.

Rinde aproximadamente cuatro docenas.

Nota: La receta está ajustada para dar buenos resultados al nivel del mar. En regiones de más altura, use menos polvo de hornear.

EMPANADITAS*

Las empanaditas son otro manjar tradicional de Navidad en Nuevo México. Pueden rellenarse con hortalizas, frutas, carne de pollo, pescado, camarones o carne sobrante. Son ricas como merienda o canapés.

Ingredientes:

Relleno (debe prepararse el día antes para que tenga mejor sabor)

- 2 libras de carne de res cocida, o una libra de carne de res y 1 libra de carne de cerdo
- 2 libras de la mezcla preparada de pasas, manzanas y especias finamente picadas
- 1/2 taza de piñones (Si no los encuentra, sustitúya pacanas. Las pacanas deben desmenuzarse, pero los piñones deben usarse enteros.)
- 1/2 cucharadita de baya de pimento de Jamaica
- 1 cucharadita de nuez moscada
- 3/4 tazas de azúcar
- 1 cucharadita de sal

Masa:

- 1/2 paquete de levadura
- 1 1/2 cucharadas de azúcar
- 1 huevo (opcional)
- 4 cucharaditas de manteca (de cerdo)
- 6 tazas de harina

- 3 tazas de agua tibia
- 1 1/2 cucharaditas de sal

Instrucciones para hornear: (Esta receta rinde ocho docenas de empanaditas.)

1. Ponga levadura, azúcar y sal en un tazón.

2. Añada agua a la mezcla hasta que se disuelva.

3. Añada el huevo batido y la manteca derretida, añadiéndole suficiente harina para formar una masa seca.

4. Estire la masa hasta alcanzar un espesor de 1/8", y córtela con un cortador de galletas de forma redonda y de 3" de diámetro.

5. Coloque una cucharada rebosada del relleno en el centro del pastel.

6. Dóblela y presione los bordes para que la masa de la empanadita se cierre sobre el relleno.

7. Adorne los bordes con un cortador de tartas y fríalas en aceite abundante y caliente hasta que doren.

---

* Esta receta fue facilitada por Pedro Ribera Ortega, Santa Fe, Nuevo México.

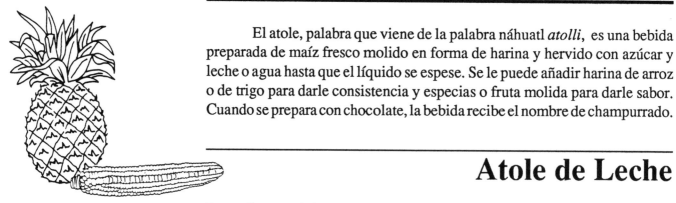

ATOLE

El atole, palabra que viene de la palabra náhuatl *atolli*, es una bebida preparada de maíz fresco molido en forma de harina y hervido con azúcar y leche o agua hasta que el líquido se espese. Se le puede añadir harina de arroz o de trigo para darle consistencia y especias o fruta molida para darle sabor. Cuando se prepara con chocolate, la bebida recibe el nombre de champurrado.

Atole de Leche

Ingredientes: (Rinde 1 1/2 cuartos de galón, o sea de 8 a 10 vasos.)

- 2 tazas de agua
- 1/2 taza de harina de maíz blanco
- una rajita de canela de 1" de largo
- 4 tazas de leche
- 1 taza de azúcar

Instrucciones para hacer el atole:

1. Mezcle la harina de maíz y el agua.

2. Añada la rajita de canela y hierva la mezcla por aproximadamente 10 minutos.

3. Añada la leche y el azúcar; caliente la mezcla hasta que hierva, revolviéndola continuamente.

4. Saque la rajita de canela y sirva la bebida.

Atole de Piña

Ingredientes: (Rinde aproximadamente 8 tazas.)

- 1 piña madura pequeña
- 1/2 taza de harina de maíz blanco
- 8 tazas de leche
- 1 taza de azúcar

Instrucciones para hacer el atole:

1. Pele la piña, córtela en pedazos, muélala hasta hacerla pulpa, y reserve.

2. Mezcle la harina de maíz y la leche.

3. Añada la pulpa de piña y el azúcar, y cocine la mezcla hasta que se espese. No la deje hervir. Sírvase caliente.

EL CHOCOLATE
Un Regalo de los Mayas, los Toltecas, y los Aztecas al Mundo

Ek-Chuak
(dios del cacao)

La gente indígena de la época prehispánica, particularmente los mayas, los toltecas y los aztecas, usaban el grano del cacao (la fruta del amaxocoatl) como medio de intercambio comercial, como el sabor principal en la preparación del mole y también como la base de una bebida. Para preparar la bebida, asaban y molían los granos, luego batían el polvo en agua caliente y lo sazonaban con aguamiel o miel, vainilla y otras especias. La bebida así preparada se destinaba a usos religiosos y reales; solamente los hombres de alto rango social podían beberla. La tomaban a sorbos pequeños en copas de oro.

Al finalizar su cuarto viaje a América en 1502, Colón llevó granos de cacao a España. La corte española mantuvo el descubrimiento de los granos de cacao en secreto cerca de un siglo, después de lo cual su uso se extendió gradualmente a otras partes de Europa.

El chocolate mexicano que se vende comercialmente hoy en día contiene canela, azúcar y almendras molidas. Las tabletas de chocolate se parten en trocitos y se colocan en un jarro lleno de agua caliente; luego se bate la mezcla con un instrumento tallado de madera conocido con el nombre de molinillo. (Vea la ilustración.)

"Chocolate," Verso Infantil

(Cuente, usando los dedos:)

Uno, dos, tres — ¡cho!
Uno, dos, tres — ¡co!
Uno, dos, tres — ¡la!
Uno, dos, tres — ¡te!

(Al cantar, frótese las manos
como quien usa un molinillo:)

Cho-co-la-te, cho-co-la-te,
Ba-te, bate el cho-co-la-te.

Bebida de Chocolate Caliente de México

Ingredientes: (Rinde una sola porción.)

- 2 trozos separados de una tableta de chocolate mexicano
- 1 taza de agua o leche

Instrucciones para hacer chocolate:

1. Haga hervir el agua o la leche en un jarro o en una cacerola.

2. Desmenuce el chocolate en el líquido y hierva la mezcla a fuego lento durante 5 minutos.

3. Bata el chocolate con el molinillo o con una licuadora hasta que se ponga espumoso. (Si usa un molinillo, sumerja el extremo con los anillos tallados en el líquido y haga rotar con rapidez el extremo superior del molinillo entre las manos.)

Bebida de Chocolate Caliente de Nuevo México

Ingredientes: (Rinde 8 porciones de 1/2 taza.)

- 1 cuarto de leche
- 1/4 taza de azúcar
- 4 cucharadas de cacao comercial (endulzado previamente)
- 1 cucharadita de canela molida
- una pizca de sal

Instrucciones para hacer chocolate:

1. Caliente la leche hasta que esté a punto de hervir.

2. Mezcle el azúcar, el chocolate, la canela y la sal, y añada la mezcla a la leche caliente.

3. Bata el chocolate con el molinillo o con una licuadora hasta que se ponga espumoso.

4. Sírvalo caliente.

EL PAVO (GUAJOLOTE)
Un Regalo indo-hispánico para el Mundo

Huexólotl
(guajalote procedente
de México, D.F.

El pavo o guajolote era conocido en Mesoamérica mucho antes de que los peregrinos que colonizaron los Estados Unidos desembarcaron en Plymouth Rock. Los pavos ocelados o manchados eran nativos de la región montañosa que se extiende desde Michoacán hasta Oaxaca en el sur de México.

Cuando Hernán Cortés llegó a México en 1519, se quedó maravillado al ver la forma en que los pavos domesticados deambulaban libremente en el palacio de Moctezuma. Sin pérdida de tiempo, Cortés envió algunos pavos ese mismo año al rey de España.

Hoy día, el pavo es parte tradicional de las comidas navideñas en las Américas. En muchos libros de cocina que pueden conseguirse con facilidad en las librerías y en las bibliotecas*, hay buenas recetas para un plato tradicional mexicano, el mole de guajolote. Usted puede, sin embargo, usar una base de mole ya preparado, ofrecida en los mercados que venden comidas latinoamericanas. Lo único que tiene que hacer para prepararlo es añadir el pavo y algunos otros ingredientes.

Para otras épocas del año: Los alumnos pueden fabricar centros de mesa para adornar las mesas de sus casas durante las festividades de Acción de Gracias y Navidad; cada pavo requiere una manzana, algunas pasitas, una aceituna rellenada con pimiento y varios palillos de dientes de distintos colores. Estos adornos sirven también de merienda nutritiva en la escuela durante la víspera de las fiestas. (Vea la ilustración para aprender la manera de hacerlos.)

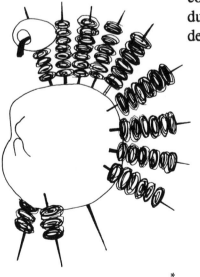

*   Vea la receta para preparar mole en libro de Bobbi Salinas *Indo-Hispanic Folk Art Traditions II/Tradiciones Artesanales Indo-Hispanas II.*

71

VOCABULARIO DE NAVIDAD

Abuelos, los, m. pl. Ancestros, bailarines de los matachines.

Adobe, m. El adobe tradicional está hecho 100% de lodo al que se le agrega un poquito de paja. Las casas de adobe se hacen con ladrillos sólidos de lodo sin ningún otro apoyo estructural.

Adviento, m. La estación que inicia el año litúrgico, usualmente empieza cuatro domingos antes de la Navidad.

Aguamiel, f. Savia dulce del maguey.

Aguinaldo, m. Un regalo navideño de dinero, fruta o dulces.

Arbol de la vida, m. Una escultura que generalmente se usa como candelabro. Cuando se usa como adorno navideño, tiene una escena de la Navidad en el centro.

Arbol de Navidad siempre verde, m. Un árbol conífero que tiene hojas todo el año. Es el símbolo de la supervivencia. Este árbol de Navidad fue una tradición en Alemania desde la época medieval. Los árboles siempre verdes se usaban en las antiguas decoraciones navideñas junto con las coronas de hiedra, acebo y muérdago. La decoración de árboles se remonta a miles de años y se encuentra en muchas culturas. Tanto los romanos como los druidas decoraban árboles en honor de sus dioses. Los antiguos egipcios adornaban sus templos y casas con hojas de palma datilera. Sin embargo, fue en Alemania durante la época medieval cuando la costumbre adquirió un sentido cristiano.

Atole, m. Bebida hecha con maíz en forma de harina de maiz cocinada con agua o leche.

Baile Pequeño, m. Danza corta.

Barrio, m. Un distrito o vecindario.

Belén, m. Pueblo donde nació Jesús.

Bizcochitos, m. pl. Galletas con semillas de anís que saben a orozuz y se las esparcen una mezcla de azúcar y canela.

Bulto, m. Una figura o imagen esculpida.

Burrito, m. Una tortilla de harina rellena de carne de res, carne de pollo o frijoles y algunas veces adornada con queso rallado y salsa de chile.

Capitán, m. Bailarín de los matachines. Son cuatro.

Casas de vecindad, f. pl. Casas de una área (barrio).

Cuetlaxochitl, f. Nombre azteca de la flor de nochebuena/flor de pascua. Literalmente "flor de la pureza."

Colchas, f. pl. Cubrecamas o manteles del altar bordados a mano que se popularizaron en Nuevo México durante el período colonial.

Corona, la, f. Tocado que lleva Moctezuma o el Monarca en el drama en una forma de danza de los Matachines.

Crèche, m. Escena de María, José y otros alrededor de la cuna del Niño Jesús en el pesebre en Belén.

Cholo/a, m., f. Relacionado de alguna manera con los pachucos excepto que no se caracteriza por la estilización. Su ropa es más de clase trabajadora: generalmente se limita a pantalones bombachos bien planchados, camisetas o camisas Pendleton impecables y, a veces, una redecilla en la cabeza.

Danzantes, m., f. pl. Bailarines.

Día del Año Nuevo, m. Esta festividad es el punto medio de los Doce Días de la Navidad. Conserva muchos vestigios paganos: la veneración de los árboles siempre verdes (símbolo de supervivencia), la quema del nocheviejo y la promesa de buenas resoluciones.

Día de la Candelaria, m. Fiesta religiosa que se celebra el 2 de febrero. Se llama así porque esté día se bendice el surtido de velas de la iglesia para todo el año. En este día termina oficialmente la temporada de Navidad. Tradicionalmente se celebra cantándole la última canción de cuna al Niño recién nacido. También es el inicio de la temporada de carnaval que termina en el Mardi Gras (martes de carnaval), cuarenta y seis días antes de las Pascuas.

Día de los Inocentes, m. El día 28 de diciembre en el cual se conmemora la matanza que hizo el Rey Herodes en Israel para evitar que el recién nacido Rey perturbara su gobierno. Este es el equivalente indo-hispano del April Fools' Day de los Estados Unidos.

Día de los Muertos, m. Una festividad en la que confluyen el festival azteca pre-hispánico llamado Quecholli, en el cual se honraban los guerreros muertos, y las celebraciones católicas del Día de Todos los Santos y del día de difuntos (1 y 2 de noviembre).

Día de la Raza, m. El 12 de octubre se conoce en los Estados Unidos como el Día de Colón para significar la llegada de Cristóbal Colón al mundo occidental. Debido a la historia colonial de América Latina y México, no se considera que este día deba ser celebrado por toda la gente de este hemisferio. Hoy la gente de la raza — los mestizos — se une en el reconocimiento de sus raíces ancestrales como herederos de dos culturas ricas y diversas, la indígena y la española.

Día de los Reyes Magos, m. La Epifanía, el 6 de enero.

Epifanía, f. Literalmente "manifestación." La primera manifestación de Cristo en la doceava noche después de la Navidad cuando los tres Reyes llegaron a rendirle homenaje al Niño Jesús.

Farolito, m. Una linterna pequeña.

Feria, f. Reunión anual de vendedores y compradores.

Fiesta, f. Festín, entretenimiento, festival.

Guaje, m. Una calabaza usada como maraca por los matachines.

Heno, m. Musgo usado en la decoración de los nacimientos o en la celebración de las posadas en México.

Huitzilopochtli, m. El dios azteca del sol.

Hojalatero, m. Artesano que trabaja la hojalata.

Incienso, m. Incienso aromático usado por los antiguos para embalsamar, con fines medicinales y para ceremonias religiosas.

Jarro, m. Un recipiente hondo de barro que se usa para hacer chocolate.

Jícama, f. Una raíz vegetal de sabor ligeramente dulce.

La Morenita Bella, f. La Guadalupana.

La Madre del Pueblo, de la Raza, f. La Guadalupana.

Letanía, f. Una forma de oración formada de una serie de invocaciones breves.

Listones, m. Cintas.

Malinche, la, f. Históricamente fue una hija de un jefe azteca y la intérprete y concubina de Hernán Cortés. Se cree que fue la primera persona en Nueva España que se convirtió al cristianismo. Ella representa la fuerza del bien en la danza de los Matachines.

Mariachi, m. La música de mariachi se reconoce como la música más típica de México. Es una combinación de instrumentos de cuerda, instrumentos de viento y voces. Otras posibles adiciones son flauta, clarinete y mandolina. El atavío del grupo (usualmente de tres a doce músicos) consiste de trajes de charro.

Milagro, m. Ofrenda (de cualquier naturaleza) que se cuelga en las iglesias en conmemoración de un milagro.

Misa de aguinaldo, f. Misa en que se repartían regalos a los indígenas para incentivarlos a convertirse al cristianismo.

Misa del gallo, f. Misa que se celebra la noche de Navidad.

Mirra, f. Ver incienso.

Mole, m. Plato tradicional de la estación, hecho con carne de pollo, pavo o puerco en una salsa de chile y chocolate.

Molinillo, m. Un palillo que se usa para batir chocolate.

Monarca, el, m. Rey. Moctezuma es el monarca azteca cristianizado en el transcurso de la danza de los Matachines.

Muérdago, m. Planta aerea parásita usada ampliamente en las decoraciones navideñas. La costumbre de besarse debajo del muérdago tuvo su origen entre los primeros europeos y druidas para quienes el muérdago era sagrado. Se pensaba que curaba muchas enfermedades y se asociaba con folklore y supersticiones.

Nacimiento, m. Representación de la escena de la Navidad. Crèche.

Navidad, f. Misa de Navidad. Aunque la Biblia no da una fecha específica del nacimiento de Cristo, en el año 350 de la Era Cristiana el Papa Julio I declaró oficialmente el 25 de diciembre como el día de la Navidad. Los eruditos especulan que se eligió el 25 de diciembre para que se coincidiera con el solsticio de invierno, una fecha de regocijo en muchas culturas antiguas. También, la fecha fue elegida, indudablemente, por su cercanía con la Epifanía, que originalmente en el Oriente incluía la celebración de la Navidad.

Nochebueno, m. "Yule Log" en inglés, viene del alemán "Yule" que se refiere al cambio de la estación después del solsticio invernal. Es fundamental para esta celebración encender el nochebueno o tronco navideño (Yule Log), que simboliza el calor y la luz depués del frío y la oscuridad del invierno.

Nochebuena, f. La noche de Navidad.

Nopal, m. Parte carnosa y oval de un cacto del género Opuntia.

Novena, f. Período de nueve días dedicado a una petición especial.

Novios, m. pl. Corazones hechos de diferentes materiales y que son intercambiados entre los enamorados el Día de los Muertos.

Ojo de dios, m. Ornamento que a menudo se usa como adorno navideño.

Pachuco/ca, m., f. Término asignado a los jóvenes que usaban los trajes "Zoot-Suit" (chaqueta ancha hasta las rodillas y pantalones muy anchos en las caderas y muy ajustados en los tobillos) en áreas urbanas como Los Angeles, El Paso y otras ciudades en los años 40.

Palma, f. Tridente, una vara de tres dientes que llevan los matachines.

Paño, m. Pañuelo.

Papel picado, m. Estandartes de papel de China cortado o perforado que se usan como decoración en las fiestas y en otras ocasiones festivas.

Pastorela, f. Una obra teatral que se desarrolla en el campo en la cual se representa la lucha entre el bien y el mal.

Pavo, m. Un plato de la cena tradicional navideña que se prepara de diversas formas.

Pignatta, f. Una piñata italiana.

Pintos, m. Prisioneros.

Piñata, f. Una figura fantástica hecha de cartón piedra (papier mâché) o de una vasija de barro. Se decora con papel de China y se llena de juguetes y dulces. Niños y adultos la rompen durante las fiestas de Navidad, cumpleaños y otras ocasiones especiales. Las piñatas son juguetes que se hacen para romperse.

Piñón, m. Simiente del pino del mismo nombre, que madura en las grietas de las piñas a través del suroeste de los Estados Unidos.

Poncho, m. Prenda de vestir masculina que consiste en una pieza rectangular con una abertura para pasar la cabeza.

Posada, f. Una representación, durante nueve noches consecutivas, de la búsqueda de alojamiento de José y María en Belén. Posteriormente se convertiría en "Las Posadas."

Promesa, f. Un compromiso, una ofrenda. Los matachines bailan con la finalidad de cumplir las promesas que han hecho individuales y en acción de gracias a nombre de su comunidad.

Pueblo, m. Poblado, aldea o cualquier lugar habitado.

Rebozo, m. Una bufanda o pañuelo grande que se usa como chal.

Respaldo, m. Una capa o pañuelo que cuelga de la espalda del traje de los matachines o del Monarca.

Resplandor m. Brillo, luminosidad. El aura que rodea a la Guadalupana.

Rosca de Reyes, f. Una hogaza de pan en forma de anillo que se come en el Día de la Epifanía.

Santo/a, m., f. La imagen de un santo o de una santa.

Sarape, m. Manta mexicana.

Santera/o, f., m. Tallador de santos. Profesionales de una forma de arte tradicional que conlleva la creación de imágenes de santos tallados o pintados en madera.

Sopaipilla, f. Un pan frito que se sirve con las comidas o como postre en Nuevo México.

Tejocote, m. Fruto semejante a la ciruela.

Tenochtitlán. Capital de los aztecas. La Ciudad de México.

Tepeyac. Un cerro en las afueras de la Ciudad de México donde se dice que la Guadalupana se le apareció a Juan Diego en diciembre de 1531.

Tilma, f. Una manta hecha a mano. Se dice que la imagen de la Guadalupana se imprimió milagrosamente en la tilma de Juan Diego.

Toro, el, m. Personaje que representa la fuerza del mal en el drama en forma de danza de los Matachines.

Tortilla, f. Un panqueque delgado hecho de harina de trigo o de harina de maíz.

Villancico, m. Canción religiosa-popular de Navidad.

Zapote, m. Fruto del árbol del mismo nombre.

Christmas

INDO - HISPANIC
FOLK ART
TRADITIONS I

A book of culturally-based, year-round activities
with emphasis on Christmas

Bilingual
Social Studies
Folklore
Cooperative Learning Activities
K-Adult

written & illustrated by
BOBBI SALINAS

PIÑATA
PUBLICATIONS

ISBN 0-934925-03-8
Copyright © l987 by **Piñata Publications**
Fifth Edition, June 1994
Distributed to libraries, schools and bookstores by
Teacher's Discovery

Book design by Bobbi Salinas
Jake's Photography, San Francisco (Photo Plate 1)
Photographed by John D. Lujan (photos 2-28)
Typography by Carole Wright, Western Shoshone

Cover design by Diane Chownyk, Skip McWilliams, and Bobbi Salinas
Cover: Tree of Life
Artist Unknown
Polychrome Ceramic
Photographer: Harry Wade
Collection of the Mexican Museum, San Francisco, CA

For additional copies, call or write:
Teacher's Discovery
2741 Paldan
Auburn Hills, MI 48326
1-800-TEACHER

**PIÑATA
PUBLICATIONS**

Acknowledgements

The author and publisher is grateful to Sonia Lomelí, a shepherd, for her critical attitude and editorial assistance, and to Reeve Love, a guardian angel and final editor. It is thanks to her extremely sensitive efforts that this work has assumed its present form. Catherine and Alcides Rodríquez translated the original version. Larry Miller and Paul Terrero shepherded the revised version from English to Spanish in "good spirits"! A number of friends also provided helpful comments. In this connection, I would like to thank Jacqueline Dunnington, whose warmth and consideration were a special bonus; Adriana Arzac, Laura & Marcela Cado-Elías, Elvira Desachy, Megan McKenna, Delilah Montoya, Victoria Plata, Guadalupe Tafoya, Adrían Treviño, and Jim Wright. I am indebted to Miguel Caro, and to Jerry Velarde-Hopkins, guitarist, Bernalillo matachines, for sharing her knowledge of the dance drama; and to the "masked spirits" who are keeping old world traditions alive. Finally, I acknowledge the students, and wish them the joy in feeling, tasting, seeing, hearing, and telling the story of their culture.

For my sister and brother-in-law, Edna and Louis Ponce, who are always there for all of us.

by Nicole Sánchez-Howell, age 11

TABLE OF CONTENTS

Preface iii
FOLKLORE IN THE CLASSROOM 1
CHRISTMAS TRADITIONS 3
THE LADY OF GUADALUPE 5
    "Miraculous" Costumes 6
    Tepeyac Hill Roses 8
LOS MATACHINES 9
    Los Matachines Costumes 11
    Choreography 13
LAS POSADAS 18
    Las Posadas Costumes 19
    Asking for Lodging Song 21
AGUINALDOS (Small Christmas Gifts) 22
THE PIÑATA 23
    "On Breaking the Piñata" Song 24
    Star of Bethlehem Piñata 24
CHRISTMAS EVE (Noche Buena) 27
    "Yes! It is Christmas Eve" Song 27
    "We Pray Thee" ("Oremos") 27
NATIVITY SCENE 28
    File Card Figures 29
    Holey Mole Mobile 29
    Clay Figures 30
THE POINSETTIA (An Aztec Gift to the World) 32
    Corn Husk Poinsettia 32
ANGEL 34
    Angel Costume 34
ST. NICHOLAS & SANTA CLAUS 36
    Santa's Costume 37
    Reindeer Costumes 37
THREE KING'S DAY 38
    Three Kings' Costumes 38
CORN HUSK GARLAND 41
CUT PAPER BANNERS (Papel Picado) 43
TREE OF LIFE 46
    Tree of Life (with Nativity Scene at Center) 46
BREAD DOUGH ART 48
    Traditional Bread Dough (Migajón) Recipe 48
    Bread Dough Ornaments 49
TIN LANTERN 50
LUMINARIAS AND/OR FAROLITOS 51

GOD'S EYE 53
HUICHOL YARN PAINTING 54
    Huichol Yarn Painting Ornaments 55
THREE KINGS' RING BREAD 56
MAMA'S BIZCOCHITOS (Anise Seed Cookies) 57
BUÑUELOS (Fried Bread) 58
    Buñuelos (Fast Food) 58
SOPAIPILLAS 59
EMPANADITAS (Fried Turnovers) 60
ATOLE 61
    Atole with Milk 61
    Atole with Pineapple 61
CHOCOLATE (A Gift to the World from the Mayans,
Toltecs, and Aztecs) 62
    "Chocolate" Rhyme 62
    Mexican Hot Chocolate 63
    New Mexico Hot Chocolate 63
THE TURKEY (An Aztec Gift to the World) 64
REFERENCE MATERIALS 65
    Books about Christmas for Children 65
    Christmas Vocabulary List 67
    Bibliography 73
    Photo Plates (See Spanish Version) 00

Preface

The purpose of *Indo-Hispanic Folk Art Traditions I/Tradiciones Artesanales Indo-Hispanas I* is to promote awareness and understanding of an important holiday as it is celebrated in Indo-Hispanic* communities, and of the folk art and folklore that have characterized its celebration from antiquity to our day. Past and present converge in traditions of artistic experience that include the utilitarian, the grotesque, the delicate, and the magnificent. Brilliant colors abound in religious celebrations and at *fiestas* (festivals), attesting to a rich imagination, a deep zest for celebration, and a quiet defiance of modern commercialism.

Folk art, or art of Indigenous and *mestizo* (offspring of Indigenous people and Spaniards) origin, derives its meaning and power from the artisans, who do not necessarily think of their work as art, but as everyday utilitarian objects worthy of adornment. These arts represent our strongest cultural link with the past. Unfortunately, they are increasingly being replaced by mass-produced, plastic objects utterly lacking in the vibrant imagination, regional styles, and personal imprint of handmade pieces.

Over the past decades, however, artists, anthropologists, and government agencies have been trying to counteract this tendency toward artistic sterility by encouraging the production and distribution of objects made by folk artists.

Costume making opens new vistas for imaginative art work and encourages improvisational opportunities and cooperative learning activities. The costumes and sets included in this book can be adapted readily for many drama productions, including historical and seasonal plays. Some are simple to make; others, for older students/persons, can present more of a challenge. Instructions are accompanied by line drawings, patterns, and/or photographs.

---

* This term denotes the combination of Indigenous and Spanish backgrounds common to most Spanish-speaking people in the Americas.

FOLKLORE IN THE CLASSROOM

The mere mention of folklore* in a classroom conjures up visions of Johnny Appleseed, fairy tales, and myths that have little meaning for most Indo-Hispanic students. A common reaction is "Folklore—how boring!" Any reference including the word "folk" seems to be associated with error or with being a country bumpkin. "Folk" medicine, for example, does not have the respectability of "scientific" medicine. These preconceptions can be broken down best through direct contact with folklore. Its value will quickly become apparent.

Perhaps the best way to introduce folklore is by demonstrating that our very own life experiences qualify as bona fide folklore. This might be done through assigning an autobiographical sketch that features each student's ethnological background. The sketch can take many forms. It might include folk songs, folk tales, jokes, myths, or legends students have heard, as well as games, dances, or any other traditions they have in their families or know about through their lives in the community.

Older students love to write about the things they know and care about. For young children who are unable to write compositions, the teacher can "take dictation." In either case, the process is of more value than the product. The emphasis here should be on content rather than grammar, punctuation, and spelling. Assignments should be clear and meaningful to encourage students to develop their ability to inform, analyze, or persuade. If parents do not want their children to write or talk about their life at home, experiences heard about in the community can be substituted.

Possible places to start include:

1. ways each student celebrates Christmas or a birthday;

2. family photo albums;

3. each student's name, its origin, or the namesake (a relative, saint, etc.);

---

* Note:

Folklore: The traditional beliefs, legends, and customs of a people.

Folk song: A song originating and handed down among the common people.

Folk tale: A tale originating and handed down among the common people.

Legend: A nonhistorical or nonverifiable story handed down by traditions from earlier times.

Myth: An imaginary or fictitious person, object, place, or event.

4. community or personal heroines or heroes;

5. games each student has played at different ages.

No single approach is advocated here. Instead, the process can include all the resources and techniques available. For the first stage of a written assignment, students can be encouraged to brainstorm, collect data from teachers' and other students' "memory banks," and conduct interviews. The second stage includes tabulating results, drafting, revising, and rewriting.

Folklore also can be instrumental in developing social awareness and skills through games. Making and breaking a *piñata* (a fanciful papier mâché figure filled with sweets and toys), for example, teaches motor skills and folk art, and helps students learn to cooperate, take turns, and share. Games can be compared and contrasted, and the results seen from a cultural perspective. The values and drawbacks of games that historically have involved weapons or stereotypes can be discussed. Students can be asked where and how they learned about the games and what they remember most clearly about them.

A study of folklore can help students get to know one another and overcome differences by sharing similarities. Through it, students very often can be the source of knowledge for one another, rather than relying on teachers, sociologists, historians, or textbook writers whose work is supposedly objective. By the same token, folklore can help the teacher get to know students better.

By realizing that each "folk" has valuable lore, students can learn that no ethnic group is "culturally deprived"—a term that comes from a perspective that is elitist, not anthropological. **The job of teachers and parents is to encourage our young people to take pride in their own culture and to understand and appreciate the cultures of others.**

CHRISTMAS TRADITIONS

Christmas is the best-loved holiday celebrated by Indo-Hispanics. It is observed in a distinctive traditional way, with Nativity scenes, *posadas, piñatas, villancicos*, and pastoral pageants, and with special holiday foods. As Indigenous and European cultures have merged and modernization has occurred, Indo-Hispanic Christmas observances have changed, but the roots of today's customs can be traced back over four hundred years.

The 16th century is the most important in the history of Indo-Hispanic Christmas traditions. Christian friars brought their Christmas celebration to the Americas on the same ships that brought Hernán Cortés in 1519. Armed with a collection of prayers, Spanish Christmas carols called *villancicos*, and great proselytizing zeal, they were able to replace the ancient stone idols with Nativity scenes and images of saints, and to restructure the beliefs of the conquered peoples.

In order to promote acceptance of the religion brought from Europe, the Spanish tolerated or adapted some elements of the Indigenous religions as part of the new observances. Rituals honoring Huitzilopochtli [wee-tsee-loh-pohch'-tee] (an Aztec manifestation of the Sun God) on December 24th, for example, were replaced by Christmas masses, and, as the birthday of the Sun God became the birthday of the Son of God, great spectacles were written in the Nahuatl language to dramatize Christ's birth. Known as *pastorelas*, they were adapted from the European religious theater of the Middle Ages. These medieval miracle plays were introduced to Mexico in 1542 by the Spanish friars, since theater was an excellent means by which to actively involve the "pagans," as the Indigenous people were called, in the evangelizing process. In its broadest terms, the *pastorela* is a dramatization of our never-ending struggle against evil and susceptibility to temptations. The play depicts shepherds *(pastores)*, the innkeeper, angels, Mary and Joseph, and the Three Kings. The characters are types, not individuals. And, of course, they ultimately will rise above Satan's temptations, at which point they are rewarded with the news that the Christ Child has come. Originally solemn morality dramas, today *pastorelas* are spirited pageants mixing folklore, religion, and burlesque theater.

Music is an important factor in conversion. Indigenous people were encouraged to participate in Christmas celebrations by singing *villancicos* and by playing the musical instruments brought by the friars. They quickly mastered the organ, flute, and trumpet, and their skill in performing European music amazed the colonists.

Small Christmas gifts called *aguinaldos* were distributed to the people who attended the pastorals and masses as an incentive for conversion. This gave rise to the custom of exchanging gifts on Christmas day instead of (or in addition to) Epiphany.* The *piñata* custom also combined European and Indigenous elements, and was quickly accepted.

The Mexican custom of *posadas,* in which the people of a community re-enact the journey of Mary and Joseph from Nazareth to Bethlehem and their search for lodging, was introduced in about 1554. This religious pageant eventually spread from the churches into people's homes, where it came to include dinner, dancing, and the breaking of the *piñata.*

Throughout the Americas, the 16th century saw the merging of European and Indigenous cultures. Many of the traditions established during that period are still alive today.

---

* January 6th, the feast of the Three Kings.

THE LADY OF GUADALUPE

December 12th has been celebrated for over 450 years as the feast of the Lady of Guadalupe. Legend has it that Juan Diego, an Aztec and a recent convert to Christianity, saw a brown-skinned apparition on December 9th, 1531, ten years after the conquest of Mexico by Hernán Cortés. The apparition took place at Tepeyac [teh-pey-yahk'], a hill within Mexico City.

Guadalupe introduced herself to Juan Diego in Nahuatl as "the Mother of the True God by whom all live." She instructed him to go tell Bishop Zumárraga, the first bishop of Mexico, to "erect my temple," on a site (Tepeyac Hill) that already had been dedicated to the Aztec Mother Goddess, Tonantzín [toh-nahn-tseen']. The skeptical bishop requested a sign of proof of the miracle. Juan Diego returned to the same spot on December 12th and the vision reappeared. Guadalupe told him to take fresh roses from Tepeyac to the bishop. No roses grew ordinarily on the dry, stony ground of Tepeyac, and for them to bloom in December was even more miraculous. When Juan Diego found the roses, Guadalupe arranged them in his *tilma* (a handmade cloak) before he took them to the bishop's palace. As he opened his *tilma*, the roses fell out, and those present saw on the cloth an image of Guadalupe. In a fifth apparition, Guadalupe appeared to Juan Diego's ailing uncle, Juan Bernardino, and cured him on his death bed.

These occurrences greatly hastened the acceptance of Christianity in the region. By 1754 papal proclamations named Guadalupe as patroness of all "New Spain" (as the Spanish conquerors called it). By 1910, she was the patroness of Latin America. By 1959, she was proclaimed Mother of the Americas. Over the years, five churches were erected in Tepeyac to house Juan Diego's *tilma*. The fourth church, completed in 1709, has sunk six feet into the subsoil. Every year millions of people make a pilgrimage* to the fifth shrine, known as *La Basílica de la Virgen de Guadalupe*, which was completed in 1977.

Many people are familiar with this simple yet powerful story associated with Guadalupe but most are not aware of the roots of this devotion. The Lady of Guadalupe, also is known as "The Beautiful Dark One," "The Mother of the *Pueblo*, of the Race," and "The Uplifter of the Downtrodden." She is clothed in a body halo, a full *resplandor*, and is supported by an angel from heaven. Her eyes are cast down in humility. Her hands are folded but extended outward, a traditional gesture of offering one's self in service. The blue-green colors of her turquoise mantle were the strongest colors in the cosmos of the Indigenous people. The stars on her mantle are symbolic of Guadalupe, the guiding star for the new *mestizo* race which was to evolve. Her rose-

---

* A journey to a location that has symbolic religious power and history.

5

colored dress has pre-Columbian gold overlay patterns which symbolize royalty. Wearing a black sash, empire style, she announces her maternity. To the Indigenous people this was a symbol of hope, and the new life that would result with the advent of Christianity. The roses gathered are an extravagant symbol of gratitude for life, especially in the middle of winter.

What is the power of the 15- or 16-year-old Aztec woman who demanded that a shrine be built in her honor on a designated spot... who reclaimed the land after the *conquistadores* (conquerors) raped, enslaved, and killed the original inhabitants... who introduced a more compassionate form of adoration of a deity without sacrificing humans? Guadalupe is considered an intimate part of the Indo-Hispanic society. She is a symbol of justice and peace. Farm workers, labor unions, and civil rights organizations echo the cry *"¡Que viva la Virgen de Guadalupe!"* Her image is used by *pintos* (prison inmates), artists, lowriders, and *cholos* and *pachucos* (see Christmas Vocabulary List). It is found on candles, posters, auto gadgets, decals, tattoos, religious medals, scarves, tiles, refrigerator door magnets, *paño* art (handkerchief art), porous plaster, *bultos* (figures or images in sculpture), and home altars. The use of her name is widespread for girls' and boys' names, organizations, *barrios* (neighborhoods), streets, rivers, and churches. The Christmas season officially begins in Spanish-speaking communities in the United States, as well as in Spanish-speaking countries, with Guadalupe's feast on December 12th.

The Lady of Guadalupe represents the syncretism of pre-Columbian religions and Catholic traditions. In her role as a conciliator, she infuses culture with life and hope, embracing Indigenous and Spanish cultures in all social milieus. (See Photo Plates Nos. 2, 3, and 4.)

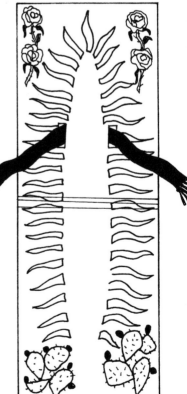

Miraculous Costumes

To make the sun's rays, glue gold foil or yellow construction paper on an 18″ x 22″ sheet of sky-blue posterboard. Use two sheets for older (taller) students/persons, and hold together with 2″ cellophane tape or laminate together (once trimmings have been added). Trimmings to enhance your creation might include gold felt-tipped markers, glitter, glitter pens, gold metallic pipe cleaners, and pictures of roses cut out of magazines. Crepe paper roses can be taped on after laminating. (See illustration.) Use a metallic Christmas garland or a decorative garland for the Lady's halo.

The rose-colored dress is made out of a piece of fabric that is twice as long as the wearer is tall. Make a slit in the center for a neck hole. Gold

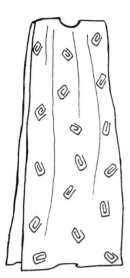

rose-colored dress

overlay patterns are added to the dress with glitter pens made for use on fabric, liquid glue and glitter, or fabric crayons. (See illustration for mantle.)

When re-enacting this story, a young student wearing an angel's costume can sit in front of Guadalupe, or you can tape a posterboard cherub onto the dress hem or boulder as shown in Photo Plate No. 5. (See ANGEL COSTUME, page 34.)

To make Juan Diego's *tilma,* draw or paint traditional Aztec designs on three sides of the two 18″ x 22″ sheets of white or tan posterboard or construction paper. Paint or draw an image of Guadalupe on the fourth side, or glue on a representation from a calendar or poster. Highlight the *resplandor* with some of the materials listed previously. The image of Guadalupe should be worn inside until the fourth apparition, when it is first seen on the *tilma.* Student(s) may want to bring a *poncho* (sleeveless jacket) or *sarape* (Mexican blanket) from home for use as a *tilma.* (See illustration and Photo Plate No. 5.)

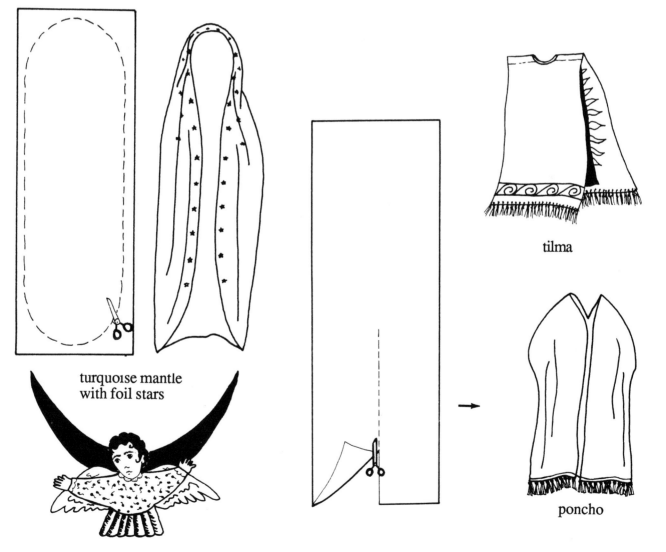

turquoise mantle
with foil stars

tilma

poncho

Tepeyac Hill Roses

Materials:
- 1 package red crepe paper
- pencil
- ruler
- scissors
- pipe cleaners (any color)
- green florist's tape
- green construction paper

Instructions:

1. Starting at one end of a folded package of crepe paper, use a pencil and ruler to measure off strips 2½″ wide. (See Figure 1.)

2. Draw shapes of three petals on each folded strip, then cut. For younger students, unfold each strip and cut it into four equal parts so paper will be thinner and easier to cut, then re-fold parts and draw petal shapes on each part. (See Figure 2.)

3. Using thumbs and forefingers, gently stretch each petal, as shown in Figure 3.

4. Hold straight edge of strip in one hand while gathering petals with the other hand around a pipe cleaner. (See Figure 4.)

5. Wrap a 6″ length of florist's tape around botton of gathered petals to fasten them to pipe cleaner.

6. Continue to wrap florist's tape in a downward spiral around entire length of pipe cleaner.

7. Starting at outside of flower, fluff petals by carefully bending each one outward from the center.

8. Cut *nopal* "paddles" with 3″ stems from green construction paper and draw in spines.

9. Arrange roses and *nopal* "paddles" in a vase.

At other times of the year: These instructions may be adapted to make flowers for any occasion by using crepe paper in different colors and varying the shapes of petals and leaves. (See Figure 5.)

Fig. 1

2½″

Fig. 2
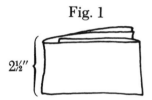

Fig. 3
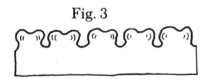

Fig. 4

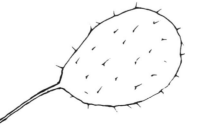

Fig. 5
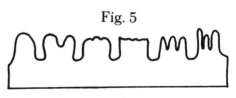

petal shapes

LOS MATACHINES

Los Matachines are an amalgamation of folk rituals from different parts of the world and different milieus. While anthropologists and historians debate the origin and purpose of the *matachines*, the *matachines* themselves preserve their dance movements in Indo-Hispanic towns and Native North American *pueblos* (Native North American villages in the Southwest), in Mexico, and in the United States. They are dedicated in service, through dance, to the Lady of Guadalupe, who is honored as a faithful mother to all her devotees with her return each December. Other religious figures also are honored by *matachines* on their feasts at other times of the year.

The word *"matachines"* is linked to other cultures and language groups. It has several obscure meanings: 1) a sword dance, 2) a masked man, 3) two men facing each other as in dance, and 4) a derivative of the Spanish word *"matar,"* to kill. It is believed that the Moors, a people of Berber and Arabic descent from Africa, brought the dance to Spain over eight hundred years ago. The Spanish *conquistadores* brought the dance to the Western World through Mexico. The dance was referred to as a "masked sword dance," although not all *matachines* wore masks.

In the 16th century, Franciscan friars prohibited many Indigenous dances and introduced Spanish pageants and dramas which taught Catholic ideology. *Los moros y los cristianos* (The Moors and the Christians), a play that celebrates the expulsion of the Moors from Spain in the 12th century, was one of the most widespread.

The *conquistadores'* updated renderings of the *matachines* introduced *la Malinche* as a symbol of purity—the Virgin Mary, to emphasize the superiority of Christianity over "paganism." But the Spanish found that the Aztecs already had another version of the dance drama. Bernal Díaz, a soldier in Hernán Cortés' army, recounted what he saw when he first entered Tenochtitlán [teh-noch-tee-tlan'] (Mexico City) in 1519.

> One part of the city was entirely occupied by Moctezuma's dancers of different kinds, some of whom bore a stick on their feet, others flew in the air, and some danced like those in Italy called by us *matachines*.

The Aztecs' *Baile Pequeño* included nobles, priests, and, from time to time, the king himself. The dance had sacred implications but was performed to entertain. Aztec *danzantes* (dancers) wore extravagant clothes embellished with feathers, gold and silver, mirrors, and *listones* (ribbons). They introduced the use of the *guaje* (rattle), an important part of the American *matachines* dance.

9

Los Matlanchines (Mah-tlan-cheens') in Mexico is performed by the Yaqui, Mayo, Ocoroni, and Tarahumara Indians. It is not a regional dance, but one found in various parts of the country. In New Mexico, *matachines* perform in Alcalde, San Antonito, Barelas, Las Cruces, Picuris Pueblo, Ranchos de Taos, San Ildefonso Pueblo, San José, Santa Clara Pueblo, and San Juan Pueblo. In general, dances at these places share the following characteristics:

There are two lines of dancers, each ranging in number from six to twelve, or even larger numbers. There is a leader known as *el Monarca* or Moctezuma, the Aztec ruler who is Christianized during the dance movements.

There is a prepubescent girl known as *la Malinche*. In Mexico, a boy is dressed as a girl.

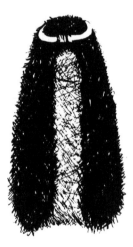

el Toro's fake
fur headdress

There are one or two buffoon characters known as *los Abuelos* (the grandfathers). They carry whips and amusingly keep the community at a safe distance from the performers. *Los Abuelos* mimic and castigate the *danzantes* when they make an error. The *danzantes*, of course, ignore them completely. Also, they act as *la Malinche's* mentors, protecting her from *el Toro's* evil temptations. But *la Malinche* maintains her purity, thereby setting the example for *el Monarca's* eventual conversion to Christianity.

The character known as *el Toro* represents the force of evil, as well as being the symbol of fertility. He is constantly taunting and tempting *los Abuelos* and *la Malinche*. This role often is played by a young boy.

A trident or *palma* (three-pronged wand), that may have once been a sword, is carried in the left hand by *el Monarca* and the *danzantes*. It is turned in a counter-clockwise movement. Keeping in time with the *guaje* and dance steps, it is moved continuously in front of the body from right to left. The elbow leads the movement, causing the prongs of the *palma* to follow, not precede, the handles.

The European musical selections are performed by a fiddler and a guitarist. In Native North American *pueblos*, music is made on guitars and drums. Several melodies usually are played in repetition. The honor of playing the melodies is determined by tradition, passed from father to son or grandson.

Matachines dance formations are European (privots, leg swings with a forward kick, do-si-do and *pas de basque*). The dance steps, a composite of the Baile Pequeño and European *matachines*, are Indigenous. *Pueblo* dances include pats, hops, skips, and runs.

Prior to commencing classroom dance instructions, discuss the following concepts with students: 1) a promise; 2) a commitment; 3)

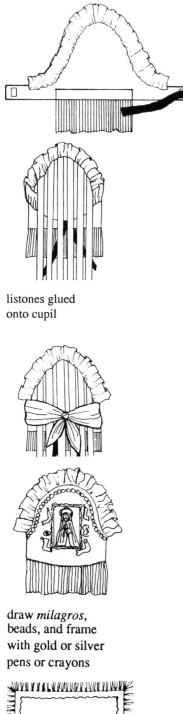

posterboard cupil with ribbon, crepe paper ruffle, and tissue paper fringe (view of back)

listones glued onto cupil

draw *milagros*, beads, and frame with gold or silver pens or crayons

respaldo

rituals; 4) existing as individuals, but also as an integral part of the classroom community; and 5) creating a tie, through dance, with the past, present, and future.

Matachines (except for *la Malinche*) and the musicians are traditionally men. **Some traditions, however, should be followed, some should be forgotten, and others should be established!** Hence, elementary, middle and secondary school performances should include an equal number of female and male *danzantes*.

Los Matachines Costumes

Students should be asked to collect materials for their costumes well in advance of their performance. Attire depends on locale and traditions. *Danzantes* might wear dark skirts or pants and long-sleeved blouses or shirts. *El Monarca* may wear a light-colored skirt or pants and a light colored blouse or shirt. All performers should wear comfortable dress shoes or tennis shoes. *Pueblo* dancers use moccasins.

All the *danzantes*, except for *la Malinche, el Toro,* and *los Abuelos*, wear distinctive and amazing homemade costumes. Included is a splendid headdress called a *cupil* which might have represented a bishop's mitre [my-ter], a Moorish fez, or a warrior's helmet. Contrived out of cow or buffalo hide, or posterboard, it is considered the most striking feature of the outfit. (See Photo Plate No. 6.)

The focus of ornamentation is the image of the saint to whom the *danzante* is committed. *Pueblo danzantes* usually have designs on their *cupiles* instead. Other decorations include lace, glitter, beads, jewelry, *milagros* (miracles), religious medals, and *listones*. Six to eight *listones* of all colors and materials, one to three inches wide, fall from the back of the headdress to well below the knees. A seven-inch fringe of beads or fabric hangs in front of the headdress, covering the eyes, nose, and cheeks. (See Photo Plate No. 6.) A silk bandanna, folded in a triangular shape, is worn bandit-style across the face covering the mouth. The ends are tied behind the head, holding the *listones* in place. The bandanna worn in this manner is both Aztec and Arabic in origin. Fitted sports headbands are an easy solution to the problem of attaching elastic bands to each *cupil* and each student's head. (*Cupiles* must withstand swirling, kicking, bending, and hopping motions.)

Four *danzantes* within the group are designated as *capitanes* (captains). They lead the line in front and in back. They can be distinguished by a different color of skirt or pants, or by wearing colored *respaldos* (capes) that are similar. *Respaldos*, 27″ x 36″ for adults, and 20″ x 28″ for younger *danzantes*, can be trimmed with rickrack that has been glued or sewn on. *Danzantes* should decide if

11

la Corona

helmet liner

chin strap

la Corona

palma

their *respaldos* are going to be one color or a variety of colors. *Respaldos* are fashioned out of brightly colored scarves, scarves that have an image of the Lady of Guadalupe, or brocade.

El Monarca's attire is similar to that of the *danzantes* except for the headdress. He wears a crown called la Corona . It is distinguished from the headdress worn by the *danzantes* by its bird-cage-like frame. Four wires (or metallic pipe cleaners), one from each side of the leather headband (sportsband), curve up and join about six inches above the midpoint of the headdress. A cluster of balls, one large one, or a cross is placed at the apex. Decorate balls with glitter, sequins, beads, etc., and let dry. "Hot glue" balls onto the top of the frame (optional).

A football helmet liner also makes an excellent *corona*. Paint the liner black (traditional color). Cover with paper flowers that have been dusted with glitter and highlight with metallic pipe cleaners. It may be necessary to add a thin elastic chin strap to hold the *corona* and *cupiles* in place.

The *danzantes'* and *el Monarca's* hands are covered with dark leather or cotton gloves, or painted to give the appearance of being gloved. In Bernalillo, a folded bandanna is tied to the left arm just above the elbow.

El Toro may wear a piece of black fake fur draped over her/his head. It can be held in place with a posterboard headband that has tagboard horns glued or stapled to it. The band can be decorated with paper, plastic, or real flowers. *El Toro* carries a cane in each hand to represent her/his forelegs.

La Malinche wears a white Holy Communion* dress or white skirt and blouse, and a veil or a wreath of white flowers. *Pueblo Malinches* may wear a spray of feathers at the back of their heads pointed upward. *La Malinche* does not carry anything in her/his hands.

Palmas are about 12 inches long and 12 inches wide. They can be made from two pieces of 4-ply posterboard cut to shape and then laminated together or from plywood. Decorate with paint, beads, paper or plastic flowers, and pipe cleaners. (See illustration.)

Guajes may be purchased or made. Papier mâché *guajes* can be made using fruit or vegetables as the base, 50/50 white liquid glue and water, newspaper or newsprint, and a wooden dowel or a pencil for a handle. Use tempera paint, ribbons, paper or plastic flowers, and glitter to adorn the *guaje*. (See illustration.)

guaje

---

* Holy Communion (the Eucharist) is a Christian sacrament intended as a symbol of the unity of the church.

Choreography

Ceremonies usually commence in front of the entrance to the Catholic Church where the dance drama takes place. There are eight to nine movements in *Los Matachines,* depending on the group dancing and the evolution of the dance within the community.

Many of the original tunes and titles are no longer used, or have changed with time.** The rhythms are syncopated, and the steps are not directly tied to a beat. It is important to listen to the music and decipher its patterns **before** starting to dance.***

Interpretations of the drama itself, e.g., the Christianizing of the Indigenous people or the exchange between good and evil, should be generated by the students themselves. Performances may be shortened or lengthened. Acts may be omitted completely. When appropriate, music from one act may be substituted for music from another act.

Lines are six to eight feet apart, with three to four feet between each of the *matachines.* The basic steps provided here can be used to weave all the patterns in the drama.

Each step described has a corresponding count with the music.

R — right
L — left
1 + 2 — 1 and 2 and (counts)
(hold) and (count) — are steps of short duration

Repeat the following steps as often as necessary to complete each pattern:

Marching Step (Slow or Fast)

Measures	Counts	Steps
1	1, 2	Step forward R foot, swing L leg forward, ankle flexed and heel about two inches from the ground.
	3, 4	Step forward L foot, swing R leg forward, ankle flexed and heel about two inches from the ground.

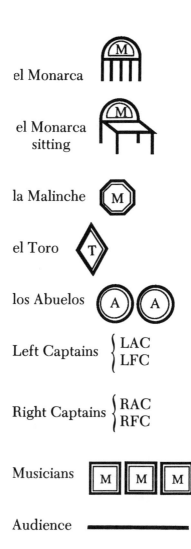

el Monarca

el Monarca sitting

la Malinche

el Toro

los Abuelos

Left Captains { LAC / LFC

Right Captains { RAC / RFC

Musicians

Audience

**   *"Matachines* Music from Alcalde" cassette by Melitón Medina and José Segovia is available from the artists for $7.00 including shipping and handling: c/o Post Office Box 316, Velarde, New Mexico 87582

***   For additional information regarding movement titles and dance steps, see *The Matachines Dance of the Upper Rio Grande; History, Music, and Choreography* by Flavia Champe. (Book includes a recording of the music.)

Walking Step (Forward or Backward, Slow or Fast)

Measures	Counts	Steps
	1 (2, 3)	Step backward R foot
	(4, 5, 6)	Bend knee slightly and straighten
	1 (2, 3)	Step backward L foot
	4, 5, 6	Bend knee slightly and straighten

Hopping Step (Forward or Backward, Slow or Fast)

Measures	Counts	Steps
	+2+	Step R foot, step L foot, hop L foot
1	1+2+	Step R foot, L foot, R foot, hop R foot
2	1+2+	Step L foot, R foot, L foot, hop L foot

Stamping Step (In Place, Backward or Forward)

Measures	Counts	Steps
1	1+	Weight on L foot, stamp R foot flat slightly to the side; lift R knee, raising foot about two inches from the ground
	2+	Stamp R foot close to L foot; with R knee bent, lift R foot
2	1	Give a small kick forward with R heel
	+2+	Step R foot, step L foot, weight flat on both feet
3	1+	Stamp L foot flat, slightly to the side; bend L knee and lift foot
	2+	Stamp L foot flat next to R foot; lift L foot
4	1	Give a small kick forward with L heel
	+2+	Step L foot, step R foot, in place

Bowing Step

Measures	Steps
1	Weight on R foot, bend R knee; L leg is extended back two feet behind R foot with the inside of L foot touching the ground; while turning to the L the body tips forward
2, 3	Stand up slowly; drawing L foot up to R foot

FIG 1.

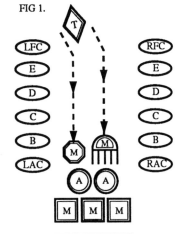

La Entrada (The Entrance)

Three boys move across the stage alternating between English and Spanish and with each other: "Here come the *matachines!*" "¡ *Ahi vienen los matachines!*"

The music begins and *los Abuelos* lead the procession to the dance area, marking the ground with their whips and keeping order. They are followed by *el Monarca* and *la Malinche* with a *capitán* on either side.

The other *matachines* follow. *El Toro* is behind the *matachines* walking with his canes, looking for mischief (Marching Step).

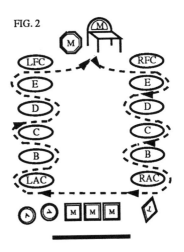

FIG. 2

La Malinche

The music begins when the *matachines* are in place. (See Figure 1.) *El Monarca* dances with *la Malinche* to a gay polka step for about a minute. He places his *guaje* in her right hand, and then sits while *la Malinche* dances with each *Abuelo* for about thirty seconds. After she has danced with the second *Abuelo*, he leads her back to *el Monarca's* chair, where she returns his *guaje*.

La Malinche faces forward and moves in a serpentine pattern dancing the Walking Step. (See Figure 2.) Her left hand is on her left hip. From time to time she stops to curtsy. When she reaches *el Monarca*, she faces front and the music stops.

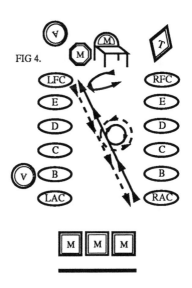

FIG 3.

La Brincada (lah breen-cah'-tha) (Leaping over Tridents)

El Monarca's standing up is a signal for the music to start. *Matachine* couples face each other (face center) and extend their left arms, thus forming an arch. The center prong of each *danzante's palma* should touch the center prong of her/his partner's *palma*. *Danzantes* may have to take two or three hopping steps toward the center here. (See Figure 3.) *El Monarca* dances the Walking Step when the arch is formed, touching each set of *palmas* with his *palma*. When he reaches point **XXX**, he turns and faces the rear. The *danzantes* squat (or kneel) and stretch their *palmas* on the ground, forming "hurdles." *El Monarca* steps over each "hurdle" while dancing the Hopping Step. He continues dancing until he reaches his chair, then turns, faces front, but does not sit. The *danzantes* rise and dance back two or three steps, and the music stops.

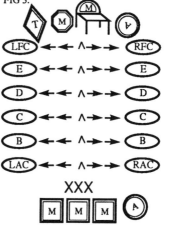

FIG 4.

Los Capitanes

In this act, *capitanes* change lines and reverse their positions. When the music starts, *el Monarca* walks over to LFC and touches his *palma* as a fencer might when crossing a sword with an opponent. LFC moves **forward** while RAC moves **backward** to the Walking Step until they meet in the middle of the dance area. While still dancing, LFC circles **counterclockwise** and proceeds dancing **backward** to RAC's position.

15

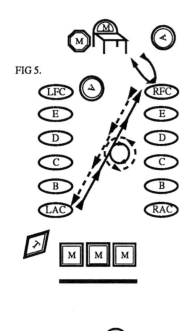

FIG 5.

RAC dances **backward**, circling **clockwise** midway, then dances forward to LFC's position. (See Figure 4.) Meanwhile, the rest of the *matachines* are dancing the Stamping Step in place. *El Monarca* then walks over to RFC. They touch *palmas* and RFC exchanges positions with LAC. (See Figure 5.) *El Monarca* sits down, and the music stops.

La Cruz (lah cruce) (The Cross)

All *danzantes* are facing forward. *La Malinche* walks to the front of he L line, while *el Monarca* walks to the back of the R line. The music starts. *La Malinche's* line moves two to four steps to the right or until the line is in the center of the dance area. They dance the Hopping Step in place until the cross is formed. (See Figure 6.)

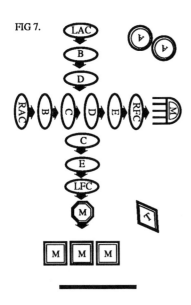

FIG 6.

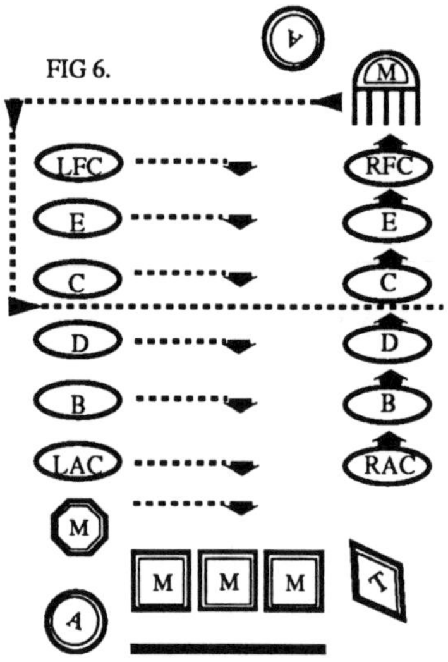

El Monarca's line, meanwhile, turns to the right and faces the rear. He leads the line to the left, dancing the Hopping Step. When *el Monarca* reaches the space between LC and LD, he turns right and leads the line through *la Malinche's* line at a right angle. When the cross is formed, all *danzantes* stop dancing, pause, and then bow for about five seconds. (See Figure 7.)

El Monarca's line then turns right, facing left, and is led back to its original position by RAC. Meanwhile, *la Malinche* leads her line to its original position with side steps and the Hopping Step until the lines are parallel. The music ends.

FIG 7.

El Toro (The Bull)

This act is an interpretation of a bullfight. *El Monarca* is seated and *la Malinche* is standing next to him. The *matachines* are standing in place, facing forward.

Los Abuelos walk between the two lines of *matachines*, speaking in a high falsetto voice to *el Toro*. *El Toro* enters the area leaning forward on both canes as if he is preparing to charge. With his head lowered, he chases and butts at *los Abuelos*. *Los Abuelos* fall, but rise again. This movement continues for about one minute until *los Abuelos* subdue *el Toro*, throw him to the ground (**carefully**), loop their whips around him, and pretend to kill him. The music ends.

La Salida (lah sah-lee'-tha) (The Exit)

Some *matachine* performances end when the *danzantes* leave the dance area and disperse, without waiting for the usual theatrical bows or clapping. They get in their cars and leave the premises, or they go to the place they first assembled and go inside.

An assistant removes *el Monarca's* chair. The music starts. *Los Abuelos* and *el Toro* rise and lead the way from the dance area. They are followed by *el Monarca* and *la Malinche,* then LFC and RFC and the rest of the *danzantes,* two by two.

While each *danzante* is unique, she/he stands within a group context. Participation is fulfillment of a commitment or a *"promesa,"* when one has been helped spiritually or materially through a hardship. *Danzantes* leave their everyday experiences to become *matachines*—**masked spirits!**

LAS POSADAS

Star of Bethlehem

Las posadas are celebrations held during the Christmas season to recall the journey of Mary and Joseph and their search for lodging before the birth of the Christ Child. The *posadas,* or inns, are full, so Mary and Joseph are turned away, but are granted shelter in a manger on the ninth night.

It is believed that the practice originated in the convent of San Agustín de Acolmán, near Tenochtitlán [teh-noch-tee-tlan'] (Mexico City). The story goes that Fray Diego de Soria received permission from the Pope in Rome to celebrate a *novena* of nine *Misas de Aguinaldo* (literally, "Gift Masses"). The masses were to be celebrated out of doors from the 16th to the 24th of December every year, in conjunction with a dramatization of the Nativity.

This celebration developed into the traditional Mexican *posadas,* which begin with a procession led by images of Joseph and Mary or people dressed to represent them. A troop of children dressed as angels or shepherds follow them as they go from door to door, singing the verses of the *letanía* (the traditional *posadas* song) assigned to them. One version of the *letanía* follows on page 21.

The procession begins after dark, and the people in it carry candles, paper lanterns, and banners. The people behind the doors of the first several houses respond to the request for lodging by singing their refusal. It is only after determined efforts on the part of Mary and Joseph that they finally are granted shelter, as the occupants of the last house open the door and invite the members of the procession to enter.

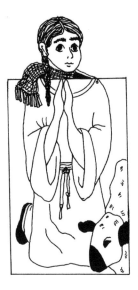

shepherdess

Las Posadas Costumes

With a little imagination students can design original *posadas* pageant costumes that make medieval costumes come alive! Flea market finery, curtains, lace tablecloths, upholstery remnants, and burlap are easily shaped into costumes worn by the Holy Family and shepherds. **No sewing is necessary!**

Use *ponchos, sarapes,* and *rebozos* (scarfs used as shawls) as cloaks, and rug yarn (available at stationery and teacher supply stores) to make rope ties. Pull a scarf or a rectangular or square piece of fabric across Mary's forehead. Tie the corners behind her head, then bring the fullness of the rest of the head covering forward. (See illustration.) Joseph's staff can be made from strips of 6-ply posterboard taped together, or a long thick twig. Pastoral trappings for shepherds and shepherdesses include gourds and crooks. A lamb, goat, and loaves of bread comprise their offerings. Use stuffed animals brought from home or paper sculptures (page 20) to make the gourds, animals, or loaves of bread.

Use face paint to add "character" to your characters. It is available in toy stores, and variety stores in October. **Plan ahead!** Or, use 50/50 tempera powder and cold cream to make your own make-up.* Create appropriate masks out of paper plates, posterboard, or plaster of paris gauze. (See PLASTER OF PARIS MASK in *Indo-Hispanic Folk Art Traditions II/Tradiciones Artesanales Indo-Hispanas II*, page 45, English version; See Photo Plate No. 8.) Glue fake fur onto masks, or tie the fur onto the student's face with lengths of yarn. Create a donkey, a lamb, a goat, a rooster, and other barnyard fowl. (See NATIVITY SCENE, "Single-Fold Standup Figures," page 29.) Enlarged single-fold figures should be made with 6-ply posterboard and cut to shape (4-ply is not sturdy enough). Bend the bottoms of the legs outward for support. Add fake fur pieces or cotton for "warmth."

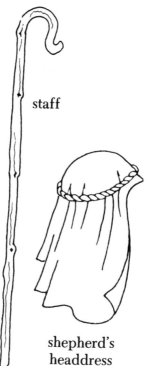

staff

shepherd's headdress

fake fur beard

rubber thong with shoelace

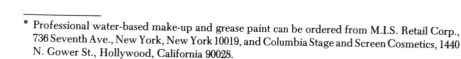

* Professional water-based make-up and grease paint can be ordered from M.I.S. Retail Corp., 736 Seventh Ave., New York, New York 10019, and Columbia Stage and Screen Cosmetics, 1440 N. Gower St., Hollywood, California 90028.

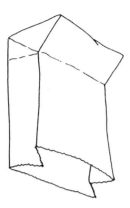

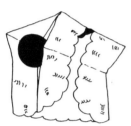

chaleco

top view
(bottom of bag)

The shepherd's "sheepskin" *chaleco* (vest) can be "sheared" out of a large, double-strength grocery bag. Bags without advertisements printed on both sides are usually available at neighborhood grocery stores. (See illustration.)

Suggestion: Re-enact a *posada* in front of a mural of a Nativity scene painted on butcher paper, vertically or horizontally. The scene(s) can be tacked or taped to the wall. Accent the mural with hay (or dried weeds), construction paper "3-D" details, and folk art brought from home. To add texture to the mural, tissue paper can be "painted on" with a 50/50 mixture of water and white liquid glue. Use corn husks for the manger roof. A dark blue skyline can be shot with foil and glitter stars and a more prominent Star of Bethlehem. Use a sharp instrument to make small holes in the center of the stars. Insert blinking Christmas lights in each hole from "behind the scene." (See Photo Plate No. 9.)

Animals, any size or shape, may be cut out of two sheets of butcher paper. Use one or two colors of paper for each animal. Use paint, felt-tipped markers, and/or crayons to fill in the body outline. Glue on fake fur, or construction paper spots for the cows. Use rug yarn to make shaggy manes and tails. Glue or staple the sheets together, leaving an opening large enough to add tissue paper or newspaper stuffing around the body—including the legs. Then glue or staple the opening closed. (See illustrations.) Lean paper sculptures against the mural or small stools. Make head/neck "stuff-less" sculptures that fit over the head. Cut eye holes. (See illustration.)

"Asking for Lodging" Song

The group outside the house sings the parts assigned to St. Joseph, and the group inside sings the responses.

-- En nom.bre del cie.lo, bue.nos mo.ra.do.res, dad a u.nos via.je.ros po.sa.da es.ta noche

-- La ho.ra de pe.dir.la no es muy o.portuna, marchad a o.tra par.te y bue.na ven.tu.ra.

St. Joseph:
In the name of Heaven
I beg you give us lodging.
My beloved wife is weary;
She can journey no farther.

Response:
This is no hotel or inn.
You must be on your way.
I cannot let you in;
You could be common thieves.

St. Joseph:
We have come from Nazareth;
We are so very weary.
I am a poor carpenter
By the name of Joseph.

Response:
I care not what your name is.
Go away and let me sleep,
For I have said already
We will not let you in.

St. Joseph:
My wife's name is Mary;
She is the Queen of Heaven.
She is soon to be
Mother of the Sacred Word.

Response:
Are you really Joseph?
And your wife is Mary?
Please come in, come in, come in!
I did not know who you were.

St. Joseph:
Happy is the house
that receives us today.
May God grant you always
His sacred joy.

Response:
It is with heartfelt joy
We open and give you lodging,
Enter, Joseph the Just,
Enter with your wife Mary.

When the door is opened, all sing together:

Let the doors be opened,
The veils be torn aside!
For the King of Heaven
Is coming to take His rest.

Enter, holy pilgrims,
This corner is for you.
Not in this humble house,
But in my very heart.

This is a night of joy,
Of happiness and rejoicing,
For here tonight we shelter
The Mother of God the Son.

AGUINALDOS
Small Christmas Gifts

Fig. 1

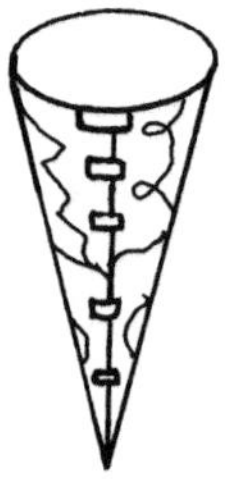

Fig. 2

Fig. 3

Once the participants in the *posadas* procession have entered the house, more songs are sung and the rosary* prayed before the party begins. The hostess then distributes *aguinaldos* to the guests.

The custom of giving gifts at Christmas rather than Epiphany probably developed from the 16th century *Misas de Aguinaldos,* when gifts were given to Indigenous people as an "incentive" to come to church.

Materials:
- dinner plate
- pencil
- one 11″ x 11″ sheet of construction paper (any color)
- 1 sheet of crepe paper (any color)
- scissors
- crayons or felt-tipped pens
- transparent tape
- glue or paste
- glitter (optional)
- ribbon

Instructions:

1. Place dinner plate upside down on construction paper and trace around it with a pencil.

2. Cut out circular shape.

3. Fold shape in half, and then cut on fold line. (See Figure 1.)

4. Draw decorations on one side of both halves.

5. Roll one half-circle into cone with ends of straight edges overlapping several inches.

6. Tape cone as shown in Figure 2. Repeat with second half-circle.

7. Cut crepe paper into two 4″ x 12″ strips.

8. Glue crepe paper inside cone 1″ down from top edge. (See Figure 3.)

9. Let dry thoroughly, then fill with small gifts (fruit, candy, nuts, or coins are traditional). Tie top with ribbon. Do the same with the second half-circle.

The *aguinaldo* pictured in Figure 4 is made from one segment of a paper towel roll core which has been cut into three equal lengths, covered with crepe paper or tissue paper, and tied shut with ribbon.

Aguinaldos may be used as year-round party favors.

Fig. 4

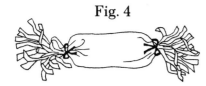

---

* A form of vocal or mental prayer of Roman Catholics in which beads are used to count decades.

THE PIÑATA

As the adults socialize at the party following the *posadas* procession, the children eagerly await the culmination of the festivities, when the *piñata* is broken. At last, one by one, the children are blindfolded and turned around a few times. Stick or bat in hand, they lash out at the *piñata* as it swings high above their heads. Parents join in the fun by pulling the rope to raise and lower the *piñata*. When someone hits it hard enough to break it, all the children scramble, laughing and screaming, on the ground for the scattered prizes.

In the tropical regions of Mexico, *piñatas* traditionally contain apples, bananas, various kinds of *zapotes* (sapodilla plums), and other fruits. In the highlands they contain red or yellow *tejocotes* (hawthorn berries), oranges, tangerines, sweet lemons, pecans, peanuts, wrapped pieces of *jícama* (a slightly sweet root vegetable) and/or sugar cane, small toys, and candy.

Some historians believe that Marco Polo brought the *piñata* idea from China to Italy in the 12th century. Chinese *piñatas* were used in spring agricultural ceremonies. Seeds were placed in hollow cones. Colored sticks were used to break the cones, and the seeds within were scattered by the buffalos or bulls on the ground where they were going to be planted.

During the 16th and 17th centuries the Italians' *pignatta* game was considered entertainment for the nobility, because the clay pot was filled with expensive baubles and jewels. In Spain, it developed into a Lenten* custom for the entire population. Clay jugs made in the form of a pineapple and filled with candies were broken on the Sunday after Ash Wednesday,** which was called "*Piñata* Sunday."

Another version of the game was already known in Mexico. The birth of Huitzilopochtli was celebrated in December, when the Aztecs prepared feasts and ate them around hundreds of campfires that were kept burning throughout the eve of the god's birth. The ceremony included striking a clay pot covered with woven feathers with a stick until it broke, allowing the small treasures it contained to fall at the feet of the idol.

The rebirth of the sun each morning from the entrails of the earth was attributed to Huitzilopochtli's victory over the darkness of night, which symbolized the forces of evil. The Aztecs' *piñata* game dramatizes the

---

*, ** In the Western Church, Lent, the forty days preceding Easter, begins on Ash Wednesday. It is a period of fasting in preparation for Easter, the date of Christ's Resurrection.

eternal struggle between good, in the persona of the blindfolded child, and evil, as represented by the *piñata*, which is always destroyed but reappears, alluring as ever, the following year.

Piñatas are a particularly colorful feature of the Indo-Hispanic Christmas tradition, but also are widely used to celebrate saints' days and childrens' birthdays.

"On Breaking the Piñata" Song

On the nights of (Christmas) parties
the *piñata* is the best;
the shyest little girl
becomes excited with ardor.

Hit it, hit it, hit it,
don't lose (your) aim,
for from the distance
one loses the way.

Star of Bethlehem Piñata

Materials:
- 1 round balloon that can be inflated to 11″ in diameter
- newspaper
- wheat paste
- needle or other instrument with sharp point
- one 18″ x 22″ sheet of tagboard
- 1 pkg. of 20″ x 30″ tissue paper (colors optional)
- one 12″ x 12″ sheet of aluminum foil or metallic paper
- masking tape
- rubber cement
- scissors
- paint brush
- 20-30 feet of heavy cord
- empty 26-oz. coffee can

Instructions:

1. Inflate balloon to about 11″ in diameter and knot neck.

2. Tear newspaper into 1″ x 3″ strips.

3. Dip newspaper strips, one at a time, into wheat paste. Remove excess paste. Cover balloon (except for a 2″ x 2″ space for opening) with four to six layers of strips.

4. When newspaper strips are completely dry (one to three days), pierce form with a pin to burst balloon.

5. Follow pattern shown in Figure 1 to make five points of star. Cut shapes for cones out of tagboard, each measuring 8″ on straight sides.

6. Form each cone by overlapping the two straight edges. To fasten edges of cone together, tape as pictured and staple about 1″ from wide end. (See Figure 2.)

7. To facilitate taping cones onto papier mâché ball, set ball on empty coffee can.

8. Cut 1″ slits around wide end of each cone. Fold edges back and attach cones with masking tape in a straight line around papier mâché ball. Do not cover opening. (See Figure 3.)

9. Follow pattern to cut five tips out of aluminum foil or metallic paper, each measuring 4″ on straight sides. (See Figure 4.) Set unfastened foil cone tips aside.

10. Cut three to six folded sheets of tissue paper crosswise into strips 3″ wide. (Number of sheets it is possible to cut at one time will depend on age of students, and type and sharpness of scissors.) Each strip will be 3″ x 30″.

11. Fold groups of four strips in half lengthwise. Beginning at open edge, cut slashes 2½″ deep, toward fold. Slashes should be ½″ apart. (See Figure 5.) Set fringe strips aside.

12. To make tassels, cut remaining tissue paper into strips ¼″ x 3½″ or longer. Divide tassels into five equal groups.

13. Attach one bunch of tassels to tip of each tagboard cone with rubber cement. (See Figure 6.)

14. Spread rubber cement on one foil cone tip. Wrap foil tip around tagboard cone, overlapping straight sides and securing tassels. Follow this procedure with four remaining cones and foil tips.

15. Using masking tape, attach cord around *piñata* form. (See Figure 6.)

16. Separate fringe strips. Use paint brush to spread rubber cement along folded edge of each strip. Beginning at base of one foil tip, apply fringe strip to body of *piñata*. Continue applying rubber cement to strips and positioning each one so that only fringed edge of preceding strip is visible. (See Figure 7.)

17. Fill *piñata* with traditional items.

18. Cover opening with additional strips of fringe.

19. Suspend *piñata* on heavy cord and start the *fiesta!* (See Photo Plate No. 10.)

At other times of the year: You can make (and break!) a pretty or comic *piñata* to celebrate birthdays, holidays, or any other special occasions throughout the year.

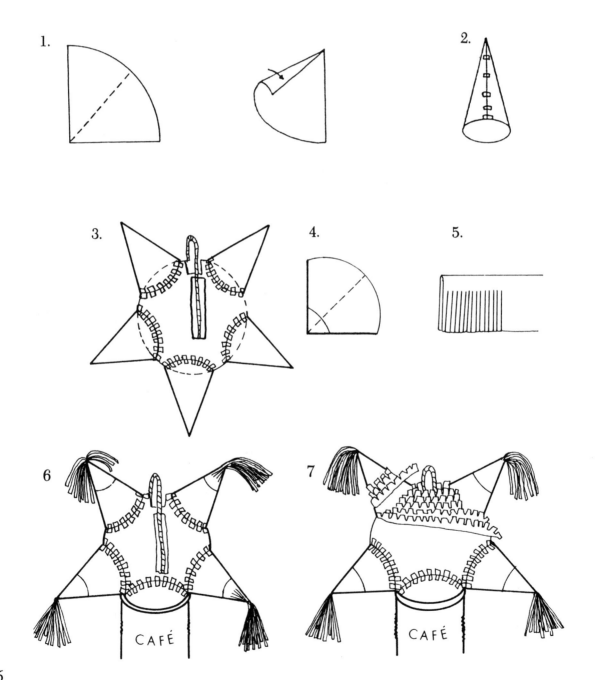

CHRISTMAS EVE
Noche Buena

On December 24th, after a traditional late dinner, the *posada* party moves in procession to the church for the *Misa del Gallo* (Midnight Mass; literally, "Mass of the Rooster," so called because the mass lasted so long in the old days that the people who had attended could hear roosters crowing as they walked home). The night explodes with rejoicing and fireworks.

"Yes! It Is Christmas Eve" Song

Es-ta sí qu'es No-che Bue-na, No-che Bue-na, no-che de co-mer bu-ñue-los.

This one, yes! It is Christmas Eve,
the night to eat buns.
And in my house (they) don't make them, don't make them
for lack of flour and eggs.

Early on Christmas morning, a doll representing the Christ Child is placed in the manger. All those present kneel and sing a lullaby.

"We Pray Thee" ("Oremos")

This ditty is sung in Spanish by young children in New Mexico on cold Christmas mornings. They have pastries or small toys bestowed upon them by warm, friendly neighbors.

We pray thee, we pray thee,
Know that we are but angels,
And from heaven we've just come,
To beg thee for little gifts.

27

NATIVITY SCENE

The origin of the Nativity scene is credited to Saint Frances of Assisi. In 1223, he gathered people and animals to create a living tableau representing the birth of Christ in Bethlehem. It is believed that Saint Francis also led songs of praise to the Christ Child at this time. They were called Christmas carols. The Nativity scene was not widely popularized in the Americas, however, until the early part of the 18th century. The materials most commonly used were carved wood, gilded clay, ivory, bone, and porcelain.

Nativity scene figures are made in all sizes, from miniature to larger-than-life. They are found in every home and city square in Latin America at Christmas time. The members of the Holy Family, shepherds, kings, and angels often are depicted as Indigenous people, dressed in the costumes of the region where they were made. Some Nativity scenes take up entire rooms and include waterfalls and ponds. *Heno,* (Spanish moss) may be used to decorate them, or to put on floors where *posada* celebrations are held. These gray-green plants are nourished by air, and grow in cypress trees on the high plateaus of Mexico. They are sold in bunches in the month of December and remain colorful long after Christmas day.

Whether elaborate or simple, the Nativity scene is a very special part of the Christmas tradition.

Note: The instructions given on the following pages for the file card figures, the holely mole mobile, and the clay Nativity scene figures can be used to make figures for a variety scenes—a community model, a farm, a play-house, a *feria* (open-air fair), or a circus, to name a few.

File Card Figures

Materials:

- ten to thirteen 4" x 4 1/2" sheets of posterboard (various colors)
- scissors
- ten to thirteen blank 3" x 5" file cards
- felt-tipped pens, water colors, or crayons
- paint brushes (optional)
- glitter, rickrack, sequins, fake fur, metallic paper, cotton, glue (optional)

Instructions:

1. To make each base, fold posterboard in half lengthwise.

2. Beginning 3/4" from the top left edge, cut a 1 1/2" vertical slit. Cut another 1 1/2" vertical slit on the top right edge. See Figure 1 on page 29.

3. Draw or paint faces and garments on each file card figure.

4. Insert each 3" x 5" card into the appropriate posterboard base.

Suggestions: Decorate robes worn by the Three Kings with rickrack, glitter, sequins, "genuine" plastic jewels, and fake fur. Crowns can be made out of metallic paper. Glue on fake-fur beards, mustaches, eyebrows, animal fur, etc.

Holely Mole Mobile

Materials:
- construction paper, tagboard, 6-ply posterboard, or plywood
- Nativity scene pattern (any size) and a pencil
- scissors or a saw, and a hole punch
- tempera paint, acrylic paint, crayons, or felt-tipped pens
- liquid glue or a glue gun
- string (any length) or 1/4" ribbed ribbon (any color)

Instructions for holely figures: Trace Nativity figures on selected material. Cut out figures and decorate both sides. Make holes about 1/4"

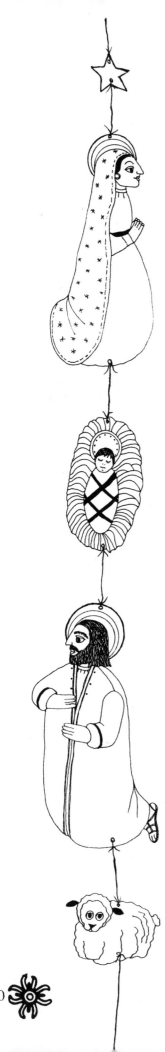

from the top and bottom of each figure as illustrated. Tie figures together and hang the mobile from the ceiling or a door frame.

or

The easiest way to make a mobile is to cut two copies of each figure, cutting each pair together. Decorate one side of both copies and lay one side face down, exactly as the figures will hang on the mobile. Lay the string along the center of each figure and glue it in place. Glue the second copy of each figure to the first, pressing them together carefully.

Suggestions: Add glitter, sequins, rickrack, etc. to the robes worn by the Three Kings. Glue bits of cotton on the sheep.. Use fake fur for Joseph's beard and the donkey's body. Use 6-ply posterboard for larger figures.

Clay Figures

Materials:

- self-hardening clay or bread dough (See BREAD DOUGH ORNA-MENTS for directions.)
- small bowl of water
- toothpick
- work table, covered with newsprint or plastic
- tempera or acrylic paints (various colors)
- paint brushes (several sizes)
- cotton or fake fur (optional)

Instructions for human figures:

1. Roll a lump of clay the size of a tangerine into a short- sausage shape. Set the clay down to flatten the bottom end so it will stand erect. See illustrations on page 31.

2. Form a ball the size of a large grape for the head. Dip your fingers into the water and attach the head to the body by smoothing it on with your wet fingers.

3. Make two small sausage shapes for arms. Wet your fingers again and attach the arms.

4. Make two small, short sausages for legs of each kneeling figure. Shape small balls into feet, and attached each ball at a right angle to the end of each leg. Attach the legs at a right angle to the body.

5. Roll a thin sausage shape and curl one end over for Joseph's walking staff.

6. Make a very small human figure for the Christ Child.

7. Form an oval ball of clay. Make a depression in it with your thumb, and place the Christ Child in the center.

8. Detail human and animal figures with a toothpick before the clay dries.

9. When the clay (or bread dough) is thoroughly dry, paint figures and glue on glittering ornamentation. (See **Suggestions** on page 30.) Most Nativity scenes also include the Three Kings and an angel. (See Photo Plate No. 11.)

Instructions for animal figures:

1. Make a thick sausage shape and squeeze in a neck on one end to form the head. Mold remainder into a trunk. Add ears on or pinch ears out in appropriate places.

2. Make four short sausage shapes for the legs. Attach them to the body by smoothing them on with wet fingers.

3. Use a toothpick to sculpt the donkey's fur.

Suggestion: To make the sheep's wool, press bits of cotton into the clay with a toothpick.

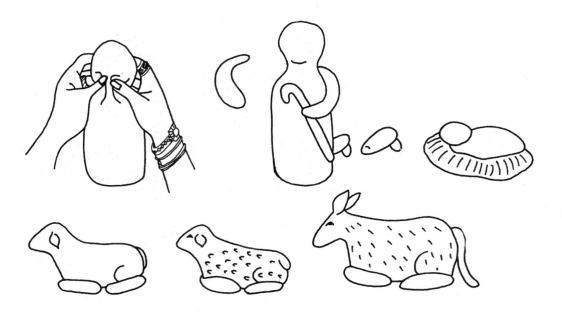

THE POINSETTIA
An Aztec Gift to the World

The Flower of Christmas Eve was known to the Aztecs as Cuetlaxo-chitl [kweht-lah-soh'-cheetl]—"the flower of purity." During the Colonial period, the Spaniards came to associate it with Nativity scenes, because it is most colorful during the short days of December. They eventually named it *la flor de noche buena* (literally, "the flower of the good night"). In 1826, Joel R. Poinsett, the first U.S. minister to Mexico, introduced the flower to his country, where it became known as the poinsettia [poin-set'-tyah] (not poin-set-tah).

The true flowers of the poinsettia are the yellow clusters at the center of the bracts, which may be red, white, pink, or yellow. Some poinsettia shrubs grow as tall as ten feet and have bracts a foot long. Poinsettias last longer in water if the stem ends are seared over a flame or dipped in hot wax to stop the sap from oozing out.

Corn Husk Poinsettia

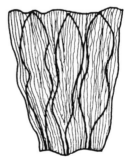

bracts

leaves

Materials:
- 8 to 10 corn husks for each poinsettia
- red, green, and yellow food colors (one 1-ounce bottle each)
- 3 quarts hot water (one quart per color)
- 3 cups vinegar (one cup per color)
- three 9″ x 12″ baking dishes
- pencil
- scissors
- red and green permanent felt-tipped markers
- bamboo skewers
- wool or acrylic yarn (any color)
- florist's tape
- towels (paper or old cloth), newsprint, or plastic sheets

Instructions:

1. Pour one quart of hot water, one cup of vinegar, and one bottle of food coloring into each baking dish.

2. Separate corn husks. Soak them in yellow, green, and red colored water for about 24 hours. Rotate them occasionally, making sure they are completely submerged in the colored mixture.

Fig. 1

fringes

3. Use a pencil to draw 13 poinsettia bract shapes (2 per husk). Draw at least three leaves on husk(s) for each flower. Only one husk is needed for each yellow cluster (fringes).

4. Cut out bract and leaf shapes.

5. When bracts and leaves are completely dry, draw bract and leaf details with permanent felt-tipped markers.

6. Starting at the wide end of a yellow husk, tear off ten 1/16"-wide flower fringes.

7. Tie a knot about ½" down from the top of each fringe. (The top is the thinnest end.) (See Figure 1.)

8. Gather all ten knotted fringes around one end of a bamboo skewer and wrap several times with yarn to secure.

9. Submerge each bract in a bowl of uncolored water for about one minute. Shake off excess water, then place the bract on the skewer. (This will make the bract easier to work with.) Arrange each of the bracts on the skewer in this manner. **DO NOT** submerge all of the bracts at once.

10. Wrap florist tape around bract assembly, making sure that all yarn is covered.

11. Continue wrapping tape down in a spiral while placing leaves on the stem (skewer) about 1" apart. (See illustration on page 32.)

At other times of the year: To make flowers appropriate for any season, the husks may be dyed different colors and the shapes of the petals and leaves cut differently. (See illustration on page 8.) Use pinking shears to cut petals, and water colors to paint tips of petals (optional). Pipe cleaners may be used in place of skewers when making smaller stems.

ANGEL

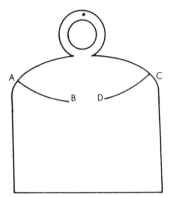

Angel is a term used in the Christian religion to designate a spirit which may be charged with carrying important messages to human beings on earth. They are neuter in gender. The angel Gabriel announced the miraculous birth of Jesus to Mary.

Angel images are used to decorate Nativity scenes and Christmas trees. Children love the angels that abound during the holiday season, ingeniously shaped from tin, bread dough, papier mâché, or yarn.

Angel Ornament or Tree Topper

Materials:
- angel outline (enlarge or reduce in size on copying machine)
- 1 piece of posterboard
- scissors
- pushpin
- crayons or felt-tipped pens
- glitter and glue (optional)
- transparent tape
- photo of each child
- 1 piece of yarn or string, 4″ long

Instructions:

1. At least one week prior to starting this project, send a note home to parents requesting a small photo of each child.

2. Trace angel outline on posterboard and cut to shape.

3. With scissors, cut slits AB and CD.

4. Use a pushpin to make a hole in the angel's halo.

5. Draw in angel's dress, wings, and halo. Glue glitter on the halo, dress, and wings (optional).

6. Tape photo in place.

7. Position point A over point C and tape as shown.

8. Thread string through hole in the halo and tie ends together.

Angel Costumes

Fashion angel costumes out of an old white bedsheet or gold or silver lamé. Costumes can be detailed with fabric paint, fabric crayons, felt-tipped pens, glitter pens, posterboard, and fabric glued onto posterboard.

Wings can be "clipped" out of posterboard and decorated with items listed above or with white feathers purchased at a craft supply store. Use wide pieces of ribbon or a colorful Latin American hand-woven sash or belt to hold the wings in place (empire waist).

Construct halos out of styrofoam or plastic-coated paper plates and set them "aglow" with glitter and/or "confetti" sequins. Pieces of gold or silver Christmas garlands fastened together also make shimmering halos. Or, use "decorative garlands" (gift wrap) purchased at a variety store. (See illustrations and Photo Plates Nos. 12 and 13.)

hand holes

face hole

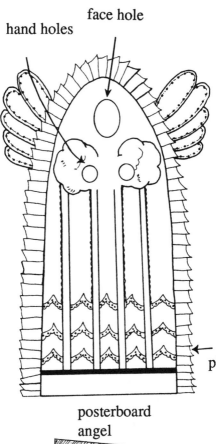

pleated tissue paper

posterboard
angel

ST. NICHOLAS & SANTA CLAUS

Who was St. Nicholas and who was Santa Claus? St. Nicholas was archbishop of Myra, a town in Turkey during the 4th century. The principal legend concerning him deals with his secret provision of gold to three daughters of an impoverished merchant. He tossed the gold into an open window, and it landed in a stocking that had been hung on the chimney (with care) to dry.

Throughout the Middle Ages the feast of St. Nicholas, December 6th, was celebrated by bringing secret gifts of toys, candies, and ginger-bread to children. Someone would dress up like St. Nick. In turn, the children would set out hay, carrots, and water for his horse. After the Reformation of Germany, with its de-emphasis on the saints, children gave their lists to St. Nicholas, but it was "Kris Kringle" who brought gifts on Christmas Day.

In England Christmas lists were given to St. Nicholas or "Santa Claus," a legendary figure who brought gifts to children on Christmas night. The modern concept of Santa appeared in Clement Moore's poem "A Visit from St. Nicholas" (1823), in which the sleigh and reindeer were incorporated. The fur-trimmed outfit was added by U.S. cartoonist Thomas Nast in 1863.

Santa's Costume

Poncho: To style Santa's *poncho,* use two sheets of 18″ x 22″ red posterboard or construction paper. Use half-sheets for younger students. Cut neck hole into a V or U shape. Tape sheets together at the shoulder with cellophane tape (2″ wide if available). Punch holes along bottom borders. Thread two pieces of white yarn, each about 9″ long, through each hole and knot for fringe.

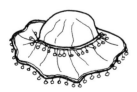

Sombrero: To mold Santa's *sombrero* (hat) you will need two sheets, 25″ in diameter, of red Art Kraft paper (available at teacher supply stores) or red butcher paper. Apply prepared wheat paste or white liquid glue, diluted with an equal amount of water, onto one sheet with a paint brush. Press the second sheet onto it. Form *sombrero* crown by placing damp sheets of paper on wearer's head and wrapping masking tape or yarn around base of crown to hold its shape. Wait 15 minutes. Remove hat and stuff crown with newspaper. Allow to dry overnight.

Or, place damp sheets over a plastic bowl the size of the wearer's head overnight. Place heavy objects around the brim to keep it flat. Decorate crown and brim (both sides of brim) with gold or silver opaque markers, sequins, glitter pens, and rickrack so that it looks like a *maria-chi* musician's hat. To add "class" to Santa's get-up, white cotton ball fringe can be used around the brim and rim, and along the bottom border of the *poncho*, as illustrated. (See Photo Plate No. 14.)

Boots: Form Santa's boots with black construction paper. Detail with a silver crayon or a silver opaque felt-tipped pen. Secure around ankles with cellophane tape or staples. (See illustration.)

Beard: Cut Santa's beard out of rolled first aid cotton or white fake fur. Fasten with lengths of yarn. (See illustration and Photo Plate No. 14.)

Reindeer Costume

Cardboard box reindeer: Cut long and short flaps off one side of a cardboard box, then turn the box upside down. Cut long flaps off at other side. Tape short flaps in place. (See illustration.) Hole should be large enough for the wearer to step in and out of. Use an Exacto knife to incise four slits in the box as shown. Paint box with any color(s). How about a multicolored reindeer—each side painted a different color? Add glitter to the tempera paint to set it in motion! Use strong ribbons to make shoulder straps as illustrated. Bells sewn on add a cheery holiday ring.

Paint or draw reindeer's face on the box or on a piece of construction paper. Glue a construction paper face on the box, leaving a space large enough to stuff with tissue paper or newspaper. Glue space closed. Add a tinsel, tissue paper, or yarn tail to the other end. These same materials can be used to make a fringe around the reindeer's body (optional).

This activity can be simplified by making antlers and a headband from construction paper, then gluing antlers to the band. Use glue and glitter or glitter pen(s) to make Indo-Hispanic designs on the band. A dab of face paint or lipstick on the tip of the student's nose distinguishes "Rudolph" from the rest of the herd. (See illustration and Photo Plate No. 15.)

generic antlers

Southwest antlers

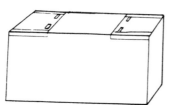

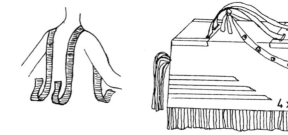

THREE KINGS' DAY

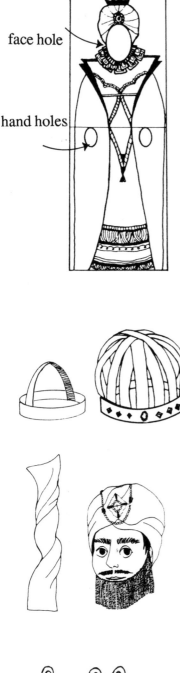

face hole

hand holes

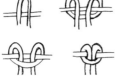

yarn beard pattern

To many Indo-Hispanics January 6th, the Epiphany or Day of the Three Kings, is the time for gift-giving, not Christmas. On this day, the Three Magi arrived in Bethlehem to present their gifts of gold, frankincense, and myrrh to the infant Jesus 12 days after his birth. The Magi had long been respected for their religious knowledge. It is believed that Melchior was Hindu, Gaspar was Greek, and Balthazar was Ethiopian.

Store owners and toy vendors sell various images of these biblical figures, including papier mâché masks with mustaches and crowns, dolls dressed in elaborate robes and crowns, and clay figures for Nativity scenes. Children write letters to the Magi, telling them what they want. On the night of January 5th, while the Nativity scene is still in place, they set their shoes outside or near a window, and wait anxiously to receive their annual gifts. Presents are placed in and around the shoes. The Epiphany is celebrated in this way even by families who have adopted Santa Claus and the Christmas tree.

The Three Kings should not be placed among the crèche [krāsh] figures, but placed at a distance to represent the fact that they are en route from the East.

Three Kings' Costumes

See LAS POSADAS costumes, page 19. Use two 18″ x 22″ sheets of posterboard or construction paper (per side) for older and taller students, and one sheet or a half sheet for younger students. (See Photo Plates 17, 18, and 19.)

Crowns: Fashion crowns out of posterboard, construction paper, and metallic doilies, or metallic paper. Stud with "genuine junk" plastic jewels purchased at a craft supply store. Drive into a fast-food hamburger restaurant and order, "One king's hat to go and hold the onions!" Cover the label with a piece of construction paper or felt and a jewel or two.

Wrap a twisted piece of fabric, about 12″ x 30″, turban style around a king's head. Secure with a gaudy brooch purchased at a second-hand store. (See illustration.) Use brooches and other "gems" to adorn kings' robes.

Headdress: Cut an oval hole the size of the wearer's face on an 11″ x 18″ (approximate size) sheet of posterboard. Draw, paint, or glue on doll's hair, cotton or yarn hair, and a paper crown and a fake fur beard. Stud crown with jewels. Once this has been done, cut off excess posterboard. Students/persons can wear this all-in-one headdress instead of a crown, wig, beard, etc. (See illustration, and Julian in Photo Plate No. 16.)

Camel: See REINDEER COSTUME, page 37, and sculptured animals, page 20, last paragraph. Stuff camel's head/neck, section by section, starting with the head. Cut 1″ slits around the base of the neck as illustrated. Staple or tape (with masking tape) headpiece onto one end of the box that is large enough to fit over the wearer's torso. Use tempera paint to cover tape (optional). Make a small hole in the other end of the box. Push tinsel or yarn through the hole and secure it with tape or glue (inside the box). Camel's humps are crafted out of posterboard, and then glued onto the sides of the box. (See illustration and Photo Plate No. 20.)

Gifts: Use odd-shaped bottles, jars, and boxes for Three Kings' gifts. Decorate with beads, buttons, uncooked pasta shells, metallic spray paint, glitter, and plastic jewels and gems. (See illustrations and Photo Plate No. 15.)

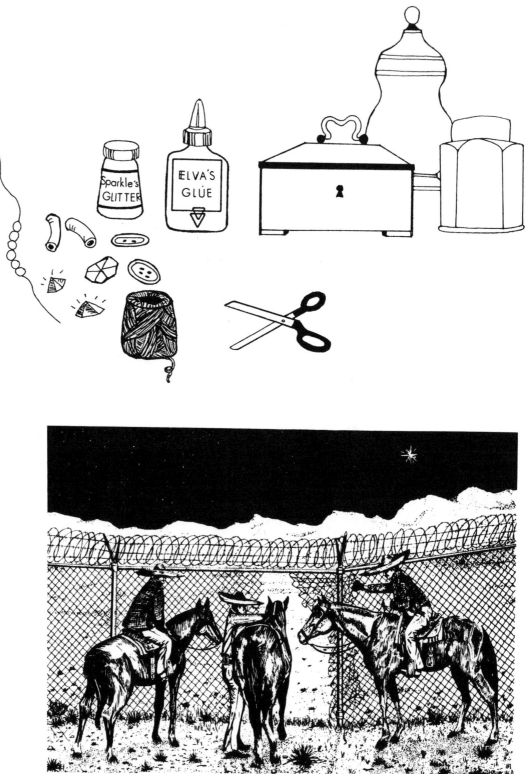

The Three Wisemen   José Antoñio Burciaga, Stanford, CA

40

CORN HUSK GARLAND

It was the discovery of corn (Zea mays) some 6,000 years ago that enabled the nomadic tribes of North and South America to settle down and eventually build great civilizations. Abundant corn harvests provided the ancient peoples with time to produce magnificent fabrics and pottery, to engineer and construct pyramids, and to develop a calendar more accurate than the European calendar for the same period.

Corn became synonymous with life. Most pre-Hispanic legends taught that the human race itself was born of corn. Religion revolved around worshipping those gods who could protect the corn crop and appeasing those who could destroy it. Time itself was defined by the cycles of planting and harvesting the grain. Indigenous people learned to make *tortillas* from corn, as well as mush, roasted corn ears, intoxicating drinks, and fried corn, which they chilled and stored.

The cultivation of corn spread northward and southward from its point of origin in the Valley of Mexico. When the first European colonists arrived in what is now New England, the Indigenous people living there were cultivating corn. The survival of the colonists was due largely to the use of corn as a staple food. The Mayans, the Aztecs, and the Incas all made their daily bread from corn. European colonists adopted not only the corn plant, but also the methods of harvesting and using it which Indigenous people had developed through generations of trial and error.

There are two principal types of corn: Indian corn or maize, also known as dent corn (indentata); and sweet corn (saccharata).

Sweet corn is eaten fresh, canned, or frozen. Dent corn is used to make hominy. After removal of the hull, the kernel is treated with lime, which causes it to expand. Lime-treated dent corn is used to make *masa harina* (corn flour for *tortilla* dough, *tamales*, etc.). The niacin released in the process results in the formation of calcium oxide, making corn a very nutritious food, especially when eaten with beans. To this day, corn accounts for at least one half of the food consumed in Latin America.

Popcorn (everta) is almost exclusively a North American commercial product. It is characterized by small, hard kernels devoid of soft starch. When popcorn is heated, the moisture in the cells expands, causing the kernels to pop.

41

Flour corn (amylaceae) has soft, mealy kernels composed largely of starch. It is the type predominant in the Andean regions of Bolivia, Ecuador, and Peru, where many large-kerneled varieties are found.

Every part of the corn plant is useful. The kernels are used for hominy, starch, flour, syrup, corn meal, breakfast foods, oil, confections, animal feed, beer, bourbon, and industrial alcohol. The silk may be boiled to make a diuretic. Cobs are used for fuel, and for making charcoal, industrial solvents, toys, and corncob pipes. Husks are used as fillers and as wrappers for *tamales*, and for making dolls, animal figures, wreaths, baskets, and garlands. The stalk is used to manufacture paper and wallboard.

Materials:
- two 8-oz. packages corn husks (available at most supermarkets)
- 1-oz. bottle red food coloring
- 1-oz. bottle green food coloring
- 2 quarts hot water
- 2 cups vinegar
- two 9″ x 12″ baking dishes
- towels, newsprint, or plastic sheet
- stapler

Yum Kak
(God of Corn Plant)

Instructions:

1. Rip each husk into strips approximately ¾″ wide.

2. Mix one quart of hot water, one cup of vinegar, and one bottle of food coloring in each baking dish.

3. Separate corn husks from one package and lay them lengthwise in colored water mixture in one dish. Separate corn husks from other package and lay them lengthwise in colored water mixture in other dish.

4. Soak husks for at least 24 hours, rotating them from time to time. Be sure husks are completely submerged in colored water.

5. Place husks on paper towels, old dish towels, newsprint, or plastic.

6. When husks are **almost** dry, bring ends of first strip together and staple to make an O. Pass second strip through center of O and staple. Continue in this manner until garland is the desired length, and then set aside to dry completely. (See Photo Plate No. 21.)

Suggestions: Experiment with a variety of color patterns—three red links, two green, four red, four green, etc.

At other times of the year: Combine food coloring to dye husks purple, turquoise, chartreuse, etc., for year-round classroom decorations and bulletin board aids. Use red, green, and uncolored husk strips for Mexican holiday decorations. Instead of dyeing corn husks, draw pre-Columbian or Southwest designs on corn husk strips using **permanent** felt-tipped markers.

CUT PAPER BANNERS
Papel Picado

Tissue paper is called *papel de seda* (silk paper) in some regions of the Spanish-speaking world because of its fine, silky texture. In Mexico, it usually is called *papel de China* (Chinese paper) in honor of the country where tissue paper originated. The trade that began in the 1500s from Asia across the Pacific brought exotic freight to Mexico. Merchandise from Mexico then was reloaded onto ships destined for Europe via Spanish ports.

Today, these colorful, inexpensive, symmetrical, and intricate paper banners are used to adorn streets and homes for every festive occasion in Mexico. Documentation of this art form, however, is almost non-existent since paper is highly perishable.

Papel picado (literally, "perforated paper") can be cut with scissors, an Exacto knife, or stamping tools that cut through 20-25 layers of paper at a time. Ornamentation includes human and animal figures, food, flowers, plants, and lettering. Themes are seasonal and historical. Stamping tool sets are custom-made in Mexico. They are expensive, and not readily available in the U.S. They also require the use of a flat circle of lead to insure that each sheet of tissue paper will be clean-cut. Exacto knives are too dangerous for use in a school environment, so the instructions provided are for scissor cuts.

Materials:
- one 12″ x 18″ sheet of tissue paper or metallic paper
- string
- scissors (right- or left-handed)
- stapler, or glue stick

Before you start: Use an 8½″ x 11″ sheet of typing paper or newsprint to practice folding and cutting. When cutting shapes, rotate the paper, not the scissors.

Instructions:

1. Fold edge of paper down one inch along one 18″ side, running thumbnail along fold to get sharp crease. This "string flap" should not be cut. (See Figure 1.)

2. Fold paper in half, with string flap outside. (See Figure 2.)

3. Fold paper diagonally, so that fold AB lies along bottom of string flap. (See Figure 3.)

43

4. Fold paper diagonally again, so that fold AX lies along bottom of string flap. (See Figure 4.)

5. Cut wavy or scalloped line from X to Y, to enhance edge of banner. (See Figure 5.)

6. Cut out a variety of shapes along fold AY. Leave some uncut space along fold between shapes. Size of shapes should be smaller near point A. (See Figure 6.)

7. Unfold sheet once only and cut more shapes along fold AX. Carefully unfold banner, leaving string flap folded. (See Figure 7.)

8. Once you have enough banners to drape across a bulletin board or hang criss-crossed near the ceiling, lay them out on classroom tables in the desired order. Use plenty of string; it can always be cut.

9. Place string under string flap of first banner and glue or staple flap down about four times. (Smaller banners require fewer staples.) (See Figure 8.)

10. Staple through string at each end of flap to prevent banner from sliding.

Follow this procedure with each banner, leaving about an inch of string between banners.

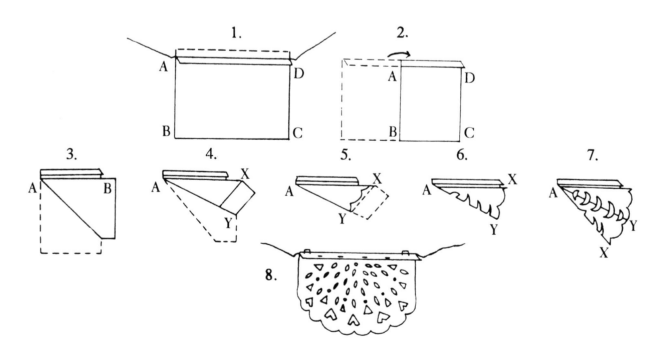

Suggestions: Banners can vary in size from 4″ x 6″ to 9′ x 10′. Follow directions for folding and cutting *papel picado* through step No. 5 using **two** sheets of tissue paper or foil, one green and one red. Separate sheets once you have completed step No. 5 and set one sheet aside, of either color. Cut a variety of shapes as directed in steps No. 6 and No. 7. Put the sheets together again before stapling or gluing down the string flap. (See illustrations for Christmas motifs.)

At other times of the year: For Valentine's Day or Day of the Dead,* heart motifs can be cut from red or pink tissue paper. Glue onto pink or red construction paper to make cards or *"novios"* ("sweethearts") for classmates, special friends, or family members.

For celebrations of the Fifth of May, the Sixteenth of September, or *Día de la Raza* (see Christmas Vocabulary List), red, white, and green banners can be cut. Laminate them to use as doilies or placemats.

Gold or silver foil, available at art supply stores, can be used to make banners of all sizes for weddings (cut bell shapes), or other special occasions year-round.

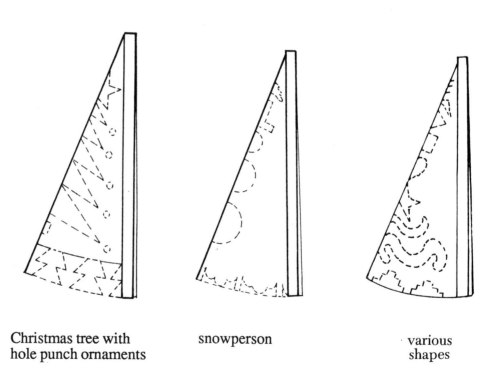

Christmas tree with
hole punch ornaments

snowperson

various
shapes

---

* Day of the Dead (November 1 and 2) combines pre-Columbian traditions of honoring the dead with the Catholic Church's All Saints' and All Souls' days. See *Indo-Hispanic Folk Art Traditions II/Tradiciones Artesanales Indo-Hispanas II,* by Bobbi Salinas.

45

TREE OF LIFE

The *Arbol de la Vida*, or Tree of Life, theme found worldwide through the ages in textiles, paintings, and carvings symbolizes fertility, growth, rebirth, and the cycle of life and death. It is associated with Old Testament stories. A Tree of Life may serve either as a decoration or as a candle holder. Sizes range from one inch to ten feet tall.

Pre-Columbian Trees of Life were geometric in style. The Tree we see today is part of a tradition of clay figures copied from the images in 16th-century Franciscan convents for use on home altars. Its adornment includes doll-like Nativity scene figures, angels, saints, birds, clouds, shells, vines, flowers, and leaves.

Tree of Life (with Nativity Scene at Center)

Materials:
- two to four 6″ or 9″ paper plates (depending on thickness of plates)
- ruler
- pencil
- scissors
- one 8½″ x 11″ sheet of white drawing paper
- paste or glue
- felt-tipped pens
- Nativity scene and Tree of Life ornament patterns

Instructions:

1. Reproduce Nativity scene figures and ornaments for younger children to color and cut out.

2. If using two thin paper plates for the base and ring, glue them together.

3. Using ruler and pencil, draw lines dividing paper plate(s) into eight equal parts, as shown in Figure 1. Lines should not be more than 2″ long.

4. Cut along lines A-B, C-D, etc., and lightly fold back tips at center. This will be the base of your Tree of Life. (See Figure 2.)

5. Cut out center of other paper plate(s) to form a ring.

6. Decorate base, ring, and tube with felt-tipped pens.

7. Roll drawing paper into a tube approximately 1″ in diameter and secure with paste or glue. See Figure 3.

8. Draw tube through opening in center of base and secure with paste or glue. Paste ring onto tube, as shown in Figure 4.

9. Paste completed Nativity scene figures and ornaments onto tree. (See Photo Plate No. 22.)

Suggestion: Older students may prefer to make their own Nativity scene figures and Tree of Life ornaments. Figures can be either drawn or painted on the ring before it is pasted onto tube, or cut out of paper and glued onto the ring.

At other times of the year: For a year-round Tree of Life, the ring cut from the second paper plate can be adorned with birds, clouds, shells, vines, flowers, and leaves (or any combination of these). A classic combination includes figures of Adam and Eve, the Serpent, and the Apple of Knowledge.

BREAD DOUGH ART

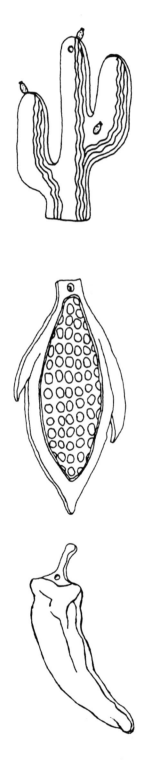

Migajón, or bread dough art, probably was developed in Ecuador hundreds of years ago. Today this folk art is thriving in Ecuador and Mexico. *Migajón* was used as a substitute for potter's clay because it was less expensive and did not require the use of an oven. White bread mixed with glue is rolled, pressed, and squeezed into toys for children and "miniatures" for adult collectors and home decorations. The basic bread dough recipe is provided here, along with a variation that can be handled (or mishandled) by students from K-adult.

Traditional Bread Dough (Migajón) Recipe

Materials:
- 6 slices of soft white or French bread
- 6 tsp. of Elmer's glue (measure carefully) or 2 tsp. of glycerine (available at drug stores)
- ¼ tsp. of liquid detergent
- bowl
- tempera paints or food coloring (optional)

Instructions:

1. Remove crusts from bread. (Suggestion: Set crusts aside to dry, then use for bread crumbs or bird feed.)

2. Crumble bread into bowl.

3. Add glue and detergent.

4. Use measuring spoon to stir mixture for about 30 seconds.

5. Knead mixture with your hands until it is no longer sticky. Knead, shape, and dry dough on wax paper. Use manicure scissors for cutting shapes and details. Use a dab of Elmer's glue to connect portions of the creation, such as an arm or a flower petal. Brush Elmer's glue, thinned with an equal amount of water, on figure for a protective finish while dough is still moist. Food coloring or tempera paints can be mixed into dough or painted on the finished pieces. Unused dough remains pliant when stored in a tightly sealed plastic bag.

Bread Dough Ornaments

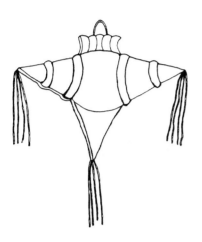

Ingredients for bread dough:
- 2 cups flour
- 2 cups salt
- 1 cup cornstarch
- 1 cup water (approximately)
- food coloring (optional)

Materials for ornaments:
- cookie cutters and/or a dull kitchen knife
- paper clips
- tempera paints
- clear varnish spray
- scissors
- pointed instrument
- glitter (optional)
- gold or silver string (or yarn) for hanging

Instructions:

1. Mix ingredients thoroughly, until dough feels like clay.

2. Roll out one lump of dough into a flat slab not more than ½″ thick.

3. Use cookie cutters or dull knife to cut out ornament shapes.

4. Press paper clips into moist dough to make a hook (see *piñata* ornament), or make a hole at the top with a pointed instrument (for hanging).

5. Set ornaments aside for about ½ hour.

6. Bake ornaments on foil-covered cookie sheets in 200°F. oven until they begin to brown. Baking time depends on thickness of ornament.

7. Let ornaments cool for about 1 hour before painting and decorating them.

Suggestions: Shape dough (both recipes) as if it were clay. Experiment with kitchen gadgets, paper clips, and rubber bands to work up designs on dough. Recipe can be used instead of clay for Nativity scene figures and for making a Tree of Life.

At other times of the year. Bread dough can be used to make sculptures of all kinds, e.g., Valentines, shamrocks, Easter eggs, artificial Bread of the Dead, mock sugar skulls for the Day of the Dead, *pan dulce* (sweet bread), fruits and vegetables, and people in different professions or activities in life.

TIN LANTERN

Indigenous artisans initially used fine sheets of gold and silver for some of their crafts. Their preference for these metals was based on their availability and softness, which made them easy to work with, rather than their monetary value. When the Spaniards forbade them to continue using the previous metals, the artisans began using tin. Today, *hojalateros* [oh-hah-lah-teh′-rohs] (tin crafters) make masks, mirrors, trays, jewelry boxes, pitchers, candelabras, and lamps, often transforming recycled tin cans into objects of great beauty. Each Christmas, candles inside tin lanterns decorated with lacy patterns glow in houses throughout Mexico.

Fig. 1

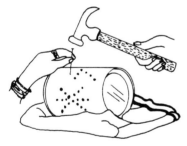

Materials:
- empty can without ridges (for ease in hammering holes) and with **no** sharp edges
- felt-tipped pen
- small hand towel
- hammer
- nails of varying sizes
- votive candle
- votive candle holder
- wire or pipe cleaner for hanging (optional)

Instructions:

1. Using felt-tipped pen, draw dot design on empty can. (See Figure 1.)

2. Fill can with water up to ¼″ below rim.

3. Freeze can of water for two days.

4. Lay can of frozen water on folded hand towel and hammer holes, following dot design.

5. Hammer two holes on opposite sides near rim, for hanging wire (optional).

6. Let ice melt; empty can and let dry thoroughly.

7. Light candle and drip a small amount of wax into bottom of can. Insert candle in holder and push holder into wax immediately, before it hardens.

LUMINARIAS AND/OR FAROLITOS

Since early times in Europe Christians lit small fires that represented those used by shepherds in Bethlehem to keep warm. In the Western world, deeply religious dances were enacted by Native North Americans long before the introduction of Christianity. These ceremonies, often lasting between four and fourteen days, included the use of small *piñon* wood bonfires for illumination and warmth.

Fray Alonzo Benavides first noted the use of *luminarias* or bonfires among the Spanish colonists in the New Mexico area as early as 1626. They were used to light the way of the Christ Child to homes on Christmas Eve. They also were lit on the eve of the feast of the saint who was patron or patroness of each mission church.

The original *luminaria* was a 20- to 30-inch high structure of kindling cut to even lengths and stacked with precision for use as a bonfire. In the 17th century, when most roofs in the area were made from *adobe* (bricks made with mud and straw), *luminarias* commonly were burned on top of houses.

The use of Chinese festive lanterns came by way of the Philippines to Mexico during a period of commercial trade. Today, Chinese lanterns still are widely used for *fiestas*, both inside and out of doors in Mexico. Eventually the idea of these lanterns, called *farolitos* in Spanish, came north into New Mexico—after *luminarias*. But these expensive and delicate lanterns made from *papel de China* did not travel well in wagon caravans from Mexico.

The use of paper bags in making *luminarias* and *farolitos* began after World War I. No one knows how this tradition started, but neighbor copied neighbor and *pueblo* copied *pueblo*, until today a great many families in New Mexico use them on special occasions, particularly at Christmas. They are balanced delicately along the roofs of houses, public buildings, and business establishments, and along walls and window sills. "Old timers" and people from Northern New Mexico still call them *farolitos*. But no matter what they are called, these simplistic holiday lamps add a unique touch to the Christmas season in New Mexico.

Materials:
- 1 brown lunch bag
- 2 cups sand
- 1 votive candle
- 1 votive candle holder (optional)
- marking pens of various colors (optional)
- scissors

Instructions:

1. Fold top edge of bag down about 1½".

2. Pour sand in bag.

3. Place candle in holder, then place holder carefully in center of bag, pressing it down into the sand to secure it. (Note: Votive candle holders are not normally used in *luminarias*. They are included here as a safety precaution when working with young students.)

Suggestion: Light *luminarias* with fireplace matches. Bags can be cut and/or decorated with marking pens if desired. (See illustration and Photo Plate No. 24.)

At other times of the year: *Luminarias* and *farolitos* make attractive, economical outdoor decorations for any special occasion year-round.

Note: If you are interested in decorating a house or driveway with *luminarias* or *farolitos,* check with the fire department in your area about local ordinances regulating their use.

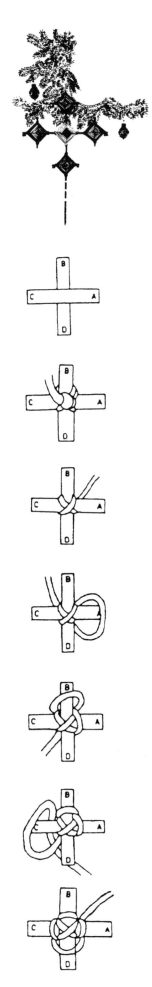

GOD'S EYE

Many indigenous civilizations used the god's-eye for protection against evil. It is believed to have originated in Peru about 300 B.C. It may originally have represented the four elemental forces: earth, fire, water, and air.

The Huichol people of Mexico consider it to be a talisman associated with the sun, rain, and food. Fathers dedicate god's-eyes to the gods on behalf of their children. When a child is born, the central eye is woven by the father. Another rhombus is added for each year of the child's life until the youngster reaches the age of five, when the god's-eye is completed.

The god's-eye is constructed by stretching bright-colored yarn onto crossed bamboo or stick frames to form a rhomboid. The center symbolizes the eye through which a deity watches its followers.

Materials:
- 2 popsicle sticks (or ¼″ wooden dowels for larger god's-eye)
- yarn (assorted colors)
- scissors
- barrel beads or tube macaroni (optional)
- glue

Instructions:

1. Glue popsicle sticks together to form a cross. Allow glue to dry, then tie one end of a piece of yarn around sticks where they cross, with knot on back of cross, as shown. (If using dowels, tie them together at right angles with one end of a piece of yarn.)

2. Bring yarn over stick A of cross, then behind it, as shown.

3. Bring yarn behind B, over B, then behind B again.

4. Bring yarn behind C, over C, then behind C again.

5. Bring yarn behind D, over D, then behind D again.

6. Repeat procedure, always moving outward along sticks or dowels. Yarns of different colors may be tied on as desired during weaving. Beads or tube macaroni may be threaded onto yarn as it is wound around sticks or dowels.

7. Leave a little wood visible on ends of sticks or dowels. Tie short pieces of yarn to end of each stick to form a tassel.

Suggestion: Use small god's-eyes separately as Christmas tree ornaments. Use large god's-eyes as year-round wall hangings.

At other times of the year: Arrange several god's-eyes in a cluster on the wall or hang several together to make a mobile.

HUICHOL YARN PAINTING

Because of their geographic isolation, the Huichol people in the inaccessible mountains of northern Jalisco, Durango, Zacatecas, and Nayarit were among the last tribes to come under Spanish rule. They were not conquered until 1721. Missionary efforts to convert them failed. They have succeeded in preserving their religion, language, and traditional health practices.

The Huichols are famous for their yarn paintings, which they have developed only recently, over the last five decades. Sun-warmed bees-wax is spread evenly on a wooden board. The artist sketches designs based on complex symbolism and ancient customs by cutting into the wax with a pointed instrument. Strands of brightly colored yarn are then pressed into the wax to fill in the shapes. When the wax cools, the yarn adheres firmly to it.

Huichol Yarn Painting Ornaments

Materials:
- piece of posterboard or lightweight cardboard (any size)
- pencil
- white liquid glue
- wool or acrylic yarn (various bright colors)
- scissors

Instructions:

1. Draw desired design on posterboard or cardboard.

2. Cut yarn into appropriate lengths.

3. Squeeze a thin trail of glue along outlines of basic design and allow to set for about two minutes.

4. Lightly press strands of yarn into glue.

5. Beginning at center of design and working out, fill in design with more glue and yarn of various colors, placing strands as close together as possible.

6. Set yarn painting aside and let dry completely.

Suggestion: This yarn painting technique can be used to decorate Nativity scene figures (using gold and silver cord if desired).

At other times of the year: Use yarn paintings for Valentines and other greeting cards, Easter egg designs on posterboard, and posterboard picture frames of any size or shape. They also can be used for *novios* to be exchanged on the Day of the Dead.

THREE KINGS' RING BREAD

Three Kings' Ring Bread is made with a special dough which is shaped into an oval ring, then topped with candied fruits. A small porcelain doll representing the Christ Child is placed inside the bread before it is baked. Whoever receives the piece of bread that contains the doll is obligated to give a party on February 2, Candlemas Day. (See *Día de la Candelaria* in Christmas Vocabulary List.)

Ingredients:
- 2 packages active dry yeast
- 1 cup warm water
- 5 cups all-purpose flour, unsifted
- ¼ cup instant non-fat dry milk
- 1 cup butter or margarine, softened
- ½ cup sugar
- 1 tsp. salt
- 3 eggs
- ½ cup raisins
- ½ cup chopped nuts
- ¼ cup chopped candied cherries
- 1 tsp. each lemon peel and orange peel, grated
- 3 tsp. half-and-half
- 2 cups confectioner's sugar, sifted
- ½ tsp. vanilla
- candied fruits and nuts

Baking instructions for bread:

1. In large bowl, dissolve yeast in warm water.

2. Add 1¼ cups of flour and all of dry milk. Beat well with wooden spoon for 3 minutes. Cover and leave in a warm place for 30 minutes.

3. In a separate bowl, cream butter with sugar and salt.

4. Beat in eggs, one at a time.

5. When 30 minutes are up, add butter and egg mixture to yeast and flour mixture. Beat for 3 minutes.

6. Gradually blend in remaining 3¾ cups flour.

7. Turn dough out on lightly floured board and knead for about 8 minutes, or until smooth.

8. Place dough in greased bowl. Turn dough over to grease completely. Cover and allow to rise in a warm place until nearly doubled in size (about 1½ hour).

9. Combine raisins, walnuts, cherries, orange peel, and lemon peel.

10. Pat dough out on a floured board to form a round about 10″ in diameter. Sprinkle with fruit and nut mixture and knead until fruit and nuts are evenly distributed in dough.

11. Divide dough into two equal parts. Form each part into a roll about 20″ long.

12. Join ends of each roll, twist rolls together, and join ends to form an oval ring. Place ring on a greased baking sheet.

13. Cover and allow to rise about 30 minutes.

14. Bake in a preheated 400°F. oven for 25-30 minutes.

15. Cool baked loaf. Cut out a small wedge from top of loaf and insert a tiny doll. Replace wedge. (See note.)

Instructions for glaze:

1. Combine half-and-half, powdered sugar, and vanilla.

2. Pour evenly over loaf. Decorate with "jewels" of whole or sliced candied fruit and nuts.

Note: In Mexico, the tiny doll, which represents the Christ Child, is made of porcelain and is usually baked right in the loaf. You may have to settle for a plastic doll, which would melt if baked. Therefore, the method of cutting a piece from the top of the bread and inserting the doll is recommended. The glaze will cover the spot where the doll is hidden.

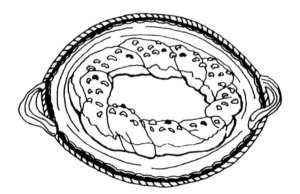

MAMA'S BIZCOCHITOS
(Anise Seed Cookies)

The sweets most often associated with Christmas in New Mexico are *bizcochito* cookies flavored with licorice-scented anise seeds, sugar, and cinnamon.

Ingredients:
- ½ cup water
- 1 tbsp. anise
- 1 tsp. salt
- 1 tsp. cinnamon
- 2 cups vegetable shortening, e.g., Crisco
- 1 cup granulated sugar
- 4-5 cups pre-sifted flour
- cinnamon-sugar mixture

Baking instructions:

1. Preheat oven to 400°F.

2. Combine water, anise, salt, and cinnamon, and set aside.

3. Cream shortening and sugar together.

4. Add pre-sifted flour and knead.

5. Add water mixture and knead until well mixed.

6. Roll dough out to 1/16″ thickness on a lighly floured board.

7. Cut with Christmas cookie cutters; or, roll dough out into ⅛″ thickness and use a table knife to cut out various "Southwest" shapes. (Hint: the thinner the dough, the tastier!)

8. Place on greased cookie sheet and bake for 8 to 10 minutes in oven until golden brown.

9. Roll in cinnamon-sugar mixture while still warm.

Makes about four dozen.

BUÑUELOS
Fried Bread

Ingredients:
- 4 cups flour
- 2 tbsp. lard
- 2 tsp. salt
- 1 tsp. baking powder
- 1½ cup lukewarm water

Cooking instructions:

1. Sift dry ingredients together.

2. Cut in lard, add water, and knead. Let stand for 20 minutes.

3. Divide dough into 12 balls of uniform size.

4. Flatten each ball and stretch it in your hands until it is about 5″ in diameter.

5. Deep-fry at 425°F. until golden brown. (See Photo Plate No. 25.)

Note: Recipe adjusted for sea level. At higher altitudes, use less baking powder.

FAST FOOD

Buñuelos (Fast Food)

Ingredients:
- 1 dozen flour *tortillas*
- cooking oil
- 2 tbsp. sugar
- 1 tbsp. ground cinnamon

Cooking instructions:

1. Thoroughly mix sugar with cinnamon.

2. Fry *tortillas*, one at a time, in a large skillet until they are a light golden brown.

3. Drain fried *tortillas* on paper towels and sprinkle with cinnamon-sugar mixture. Serve while still warm.

Suggestion: Cut *tortillas* into halves or fourths before frying if you wish to serve smaller portions.

SOPAIPILLAS

Sopaipillas are truly a New Mexico delicacy. Restaurant "puffed pillows" are triangular, and about 6″ across. Homemade *sopaipillas* are triangular or oblong, and about 3″ across.

Sopaipillas are filled with a variety of things like a *burrito*, or they are used to sop up chile. The most common use is to cut open the *sopaipilla*, spread butter and/or drizzle honey on it, and serve it as a side bread or dessert.

Ingredients:
- 4 cups flour
- 4 tsp. baking powder
- 1 tsp. salt
- 2 tsp. sugar
- 3 tbsp. lard or vegetable shortening
- water as needed (about ¾ cup)
- 2″ of safflower or peanut oil in deep pan
- paper towels
- honey to taste

Cooking instructions:

1. Sift flour, baking powder, salt, and sugar together.

2. Cut in shortening, then add enough water to make a dry dough.

3. Let dough stand for 20 minutes.

4. Roll dough out on lightly floured board until it is ¼″ thick. Cut into 3″ squares.

5. Heat oil until it is almost smoking, then lower heat to medium.

6. Drop one square into hot oil and press lightly with back of a dinner fork to submerge. Turn over and deep-fry until puffy and golden brown. (Entire procedure lasts only a few seconds.) Remove from oil and place on paper towels to drain. Repeat with three more squares, one at a time.

7. Reheat oil before frying four more squares. Serve warm. (See Photo Plate No. 26.)

8. Cut one corner off of each *sopaipilla* and drizzle a little honey into it.

   Makes about four dozen.

Note: Recipe adjusted for sea level. At higher altitudes, use less baking powder.

EMPANADITAS
Fried Turnovers*

Empanaditas are another traditional Christmas dish in New Mexico. They can be filled with vegetables, fruit, chicken, fish, shrimp, or leftover meat. They are good as a snack and as *hors d'oeuvres*.

Ingredients:

Filling (should be prepared the day before for better flavor):

- 2 lbs. cooked beef, or 1 lb. beef and 1 lb. pork
- 2 cups prepared mincemeat
- ½ cup *piñon* nuts (If not available, substitute pecans. Use pecans chopped, *piñon* nuts whole.)
- ½ tsp. allspice
- 1 tsp. nutmeg
- ¾ cup sugar
- 1 tsp. salt

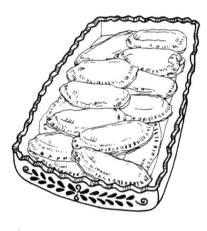

Dough:
- ½ package yeast
- 3 cups lukewarm water
- 1½ tbsp. sugar
- 1½ tsp. salt
- 1 egg (optional)
- 4 tbsp. pure lard
- 6 cups flour

Baking instructions:

1. Place yeast, sugar, and salt in mixing bowl.

2. Add water, and mix until dissolved.

3. Add beaten egg and melted lard, adding enough flour for a dry dough.

4. Roll out dough ⅛" thick, and cut with round cookie cutter about 3" in diameter.

5. Place 1 heaping teaspoon of filling in center of pattie.

6. Fold over and pinch edges together so *empanadita* dough will seal in filling.

7. Trim with a pie cutter or fork and deep fry until golden brown.

   Makes eight dozen.

---

* Recipe provided by Pedro Ribera Ortega, Santa Fe, New Mexico.

ATOLE

Atole—from the Nahuatl *atolli*—is a drink made from a base of corn, ground into a flour-like powder and boiled with sugar and milk or water until the liquid congeals. It may be thickened with rice or wheat flour and flavored with spices or crushed fruit. When flavored with chocolate, it is called *champurrado*.

Atole with Milk

Ingredients:
- 2 cups water
- ½ cup white corn meal
- 1″ cinnamon stick
- 4 cups milk
- 1 cup sugar

Cooking instructions:

1. Blend corn meal and water.

2. Add cinnamon stick and boil for about 10 minutes.

3. Add milk and sugar and bring to a boil, stirring constantly.

4. Remove cinnamon stick and serve.

   Makes 1½ quarts or eight to ten servings.

Atole with Pineapple

Ingredients:
- 1 small ripe pineapple
- ½ cup white corn meal
- 8 cups milk
- 1 cup sugar

Cooking instructions:

1. Peel pineapple, chop and grind it into a pulp, and set aside.

2. Blend corn meal and milk.

3. Add pineapple pulp and sugar to corn meal mixture and cook until mixture thickens; do not allow to boil. Serve hot.

   Makes about eight cups.

CHOCOLATE
A Gift to the World from the Mayans, Toltecs, and Aztecs

Ek-Chuah
(God of the Cocoa Bean)

The pre-Hispanic Indigenous peoples, particularly the Mayans, Toltecs, and Aztecs, used cocoa beans (the *amaxocoatl* fruit) as a medium of exchange, as the main flavoring in *mole*, and also as the basis of a drink. To make the drink, they roasted and ground the beans, then whipped the powder in hot water and flavored it with *aguamiel* or honey, vanilla, and other spices. The resulting beverage had religious and royal uses; only men of high rank were allowed to drink it. They sipped it from gold cups.

Columbus took cocoa beans back to Spain after his fourth voyage to the Americas in 1502. The royal court of Spain kept the discovery of cocoa beans secret for about one hundred years, after which their use spread slowly to other parts of Europe.

The Mexican chocolate sold commercially today contains cinnamon, sugar, and ground almonds. Chocolate tablets are separated into wedges and placed in a *jarro* (an earthenware container) full of hot water or milk, then beaten with a carved wooden beater called a *molinillo*. (See illustration.)

"Chocolate" Rhyme

A Children's Rhyme in English:

(Count on fingers:)

One, two, three—cho!
One, two, three—co!
One, two, three—late!

(Rub hands together as if using a *molinillo* while chanting:)

Cho-co-late, cho-co-late,
Beat, beat the cho-co-late.

Mexican Hot Chocolate

Ingredients:
- 2 wedges from a tablet of Mexican chocolate
- 1 cup water or milk

Cooking instructions:

1. Bring water or milk to a boil in a *jarro* or small saucepan.

2. Break chocolate into liquid and boil gently for 5 minutes.

3. Beat chocolate with a *molinillo* or blender until frothy. (If using a *molinillo*, submerge end with carved rings in liquid and roll handle back and forth quickly between hands.)

Makes one serving.

New Mexico Hot Chocolate

Ingredients:
- 1 quart milk
- ¼ cup sugar
- 4 tbsp. cocoa (pre-sweetened)
- 1 tsp. cinnamon
- salt (pinch)

Cooking instructions:

1. Heat milk to a near-boil.

2. Mix sugar, cocoa, cinnamon, and salt, and add to heated milk.

3. Beat chocolate with *molinillo,* rotary beater, or blender until frothy.

4. Serve hot.

   Makes eight ½-cup servings.

THE TURKEY
An Aztec Gift to the World

Huexolótl
(Turkey from
Mexico City)

Turkeys were known in Meso-America long before the Pilgrims landed at Plymouth Rock. Ocellated turkeys were native to the mountains of southern Mexico, from Michoacán to Oaxaca.

When Hernán Cortés arrived in Mexico in 1519, he was fascinated by the way tame turkeys wandered freely around Moctezuma's palace. He sent some of the birds back to the King of Spain that same year.

Today, turkey is a traditional part of the Christmas feast throughout the Americas. There are good recipes for turkey *mole* in numerous Mexican cookbooks, which are readily available in bookstores and libraries.[*] You can, however, use a prepared *mole* base which is sold at all Latin American food stores. You need only add the turkey and a few more ingredients.

Note: Children can make turkey centerpieces to decorate their families' Thanksgiving Day or Christmas tables; each turkey takes an apple, some raisins, a pimiento-stuffed olive, and several **colored** toothpicks. These also make nutritious pre-holiday snacks in the classroom. (See illustration for the way to make them.)

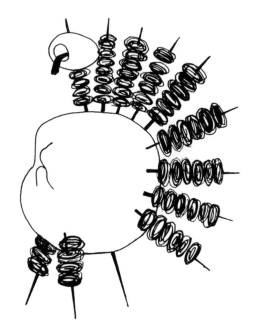

[*] See *mole* recipe in *Indo-Hispanic Folk Art Traditions II/Tradiciones Artesanales Indo-Hispanas II* by Bobbi Salinas.

REFERENCE MATERIALS
Books about Christmas for Children

Anaya, Rudolfo. *The Farolitos of Christmas: A New Mexico Christmas Story*. Santa Fe: New Mexico Magazine, 1987.

Anderson, Hans Christian. *The Fir Tree*. Mankato, Minnesota: Creative Education Series, 1983.

Aoké, Hisako, and Ivan Gantschev. *Santa's Favorite Story*. Boston: Neugebauer Press, Alphabet Press, 1981.

Bierhorst, John. *Spirit Child: A Story of the Nativity* (from the Aztec). New York: William Morrow & Company, 1984.

Davis, Valentine. Illustrated by Tomie de Paola. *Miracle on 34th Street*. San Francisco: Harcourt, Brace & Jovanovich, 1984.

de Paola, Tomie. *The Christmas Pageant*. Minneapolis: Winston Press, 1978.

_____ . *The Family Christmas Tree Book*. New York: Holiday House, 1980.

_____ . *For Every Child a Star: A Christmas Story*. New York: Holiday House, 1980.

_____ . *Francis, the Poor Man of Assisi*. New York: Holiday House, 1982.

_____ . *Lady of Guadalupe*. New York: Holiday House, 1980.

_____ . *Nuestra Señora de Guadalupe*. New York: Holiday House, 1980.

_____ . *Tomie de Paola's Book of Christmas Carols*. New York: Putman's Sons, 1987.

Dickens, Charles. *A Christmas Carol*. Mankato, Minnesota: Creative Educational Series, 1984.

Forrester, Victoria. *Poor Gabriela: A Christmas Story*. New York: Atheneum, 1986.

Henry, O. *The Gift of the Magi*. Boston: Neugebauer Press, Alphabet Press, 1982.

Koralek, Jenny. *The Cobweb Curtain: A Christmas Story*. New York: Henry Holt and Company, 1989.

Kurelek, William. *A Northern Nativity*. Platsburg, New York: Tundra Books, 1976.

Laird, Elizabeth. *The Road to Bethlehem: An Ethiopian Nativity*. New York: Holt & Company, 1986.

Mikolaycak, Charles. *Babuska*. New York: Holiday House, 1984.

Moore, Clement. Illustrated by Tomie de Paola. *The Night Before Christmas*. New York: Holiday House, 1980.

Olliver, Jane, compiler. *The Doubleday Christmas Treasure*. Garden City, New York: Doubleday & Company, 1986.

Robinson, Barbara. *The Best Christmas Pageant Ever*. New York: Avon Books, 1973.

Sister Maryanna, O.P. *The Littlest Angel*. New York: Edward O'Toole Company, 1942.

Tompert, Ann. *The Silver Whistle*. New York: Macmillan Publishing Company, 1988.

Van Dyke, Henry. *The Story of the Other Wise Man*. New York: Ballantine Epiphany, 1895.

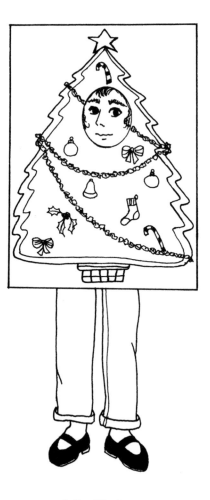

mobile Christmas
tree

CHRISTMAS
VOCABULARY LIST

Abuelos, los (ah-boo-eh´-lohs), m. pl. Grandfathers, ancestors. Matachines dancers.

adobe (ah-thoh´-beh), m. Traditional adobe is 100% mud with a little straw added. Adobe houses are made of solid mud bricks with no other structural support.

Advent. The first or opening season of the church year, usually begining four Sundays before Christmas.

aguamiel (ah-goo-ah-me-el´), f. Sweet sap of the maguey plant.

Aguinaldo (ah-ghee-nahl´-doh), m. A Christmas gift of money, fruit, or candy.

Arbol de la Vida (ahr´- bohl theh lah bee´-thah), m. Tree of Life. A sculpture most often used as a candle holder. When used as a Christmas decoration, it has a Nativity scene at the center.

atole (ah-toh´-leh), m. A gruel of corn cooked with milk or water.

Baile Pequeño (buy´-lay peh-kay´-ñyo), m. "Short Dance."

barrio (bah´-ree-oh), m. A district or neighborhood.

Belén (beh-lehn´). Bethlehem.

Bizcochitos (bees-koh-chee´-tohs), m. pl. Cookies flavored with licorice-scented anise seeds and rolled in a cinnamon-sugar mixture.

Bulto (bool´-toh), m. A figure or image in sculpture.

Burrito (boor-ree´-toh), m. A flour tortilla folded arounda meat, chicken, seafood, vegetables, beans, tofu, rice, (or all of the above!) filling, and sometimes garnished with grated cheese and *chile* sauce.

capitán (cah-pee-tahn´), m. Captain.

Casas de vecindad (kah´-sahs theh beh-seen-dahth´), f. pl. Neighborhood houses.

chaleco (chah-leh´-koh), m. Vest.

chola, lo (cho´lah , loh), f. or m. Somewhat related to pachuco except not characterized by the stylization. Their dress is more working class; generally limted to well-ironed, baggy pants, impeccable T-shirts or Pendelton wool shirts, and, at times, a hair net.

Christmas. Although the Bible does not give a specific date for the birth of Christ, December 25 was officially declared to be Christmas by Pope Julius I in the year 350 A.D. Scholars speculate that December 25 was chosen because it coincides with the winter solstice, a time of rejoicing Also, the date was undoubtedly chosen for its nearness to Epiphany, which, in the East, originally included commemoration of the Nativity.

colchas (kohl'-chahs), f.pl. Needlework coverlets or altar cloths made in the home and popularized during the New Mexican colonial period.

Corona, la (koh-roh'-nah, lah), f. Crown worn by Moctezuma or *el Monarca* in *Los Matachines* dance drama.

crèche (krāsh), m. A tableau of Mary, Joseph, and others around the crib of the Christ Child in the manger in Bethlehem.

Cuetlaxochitl (kweht-lah-soh'-cheetl), f. Aztec name for the poinsettia, literally, "flower of purity."

danzantes (dahn-zahn'-tehs), m.,f. Dancers.

Día de la Candelaria (dee'-ah theh lah kahn-deh-lah'-ryah), m. Candlemas Day (February 2), so named because the year's supply of church candles are blessed on this day. This is the official end of the Christmastide season. It is traditionally marked by the last singing of the lullaby to the newborn Christ Child. It is also the beginning of carnival season, which ends with Mardi Gras, approximately forty-six days before Easter.

Día de los Inocentes (dee'-ah theh los ee-noh-sehn'-tehs), m. Day of the Innocents (December 28), commemorating King Herod's massacre of boy babies in Israel to prevent the newborn King from disturbing his rule. This is the Indo-Hispanic equivalent of April Fool's Day.

Día de los Muertos (dee'-ah theh los muerhr'-tohs), m. Day of the Dead. A holiday which blends the pre-Hispanic Aztec festival called Quecholli, honoring dead warriors, with the Catholic church's All Saints' and All Souls' Days (November 1 and 2).

Día de la Raza (dee'-ah theh lah rah'-sah), m. October 12th is commonly known in the U.S. as Columbus Day, signifying the arrival of Columbus in the Western World. Because of the colonial history of Latin America and Mexico, this day is not regarded as one to celebrate by all peoples in this hemisphere. Today the people of *la raza* join together in the acknowledgement of their ancestral roots as the inheritors of two varied and rich cultures, Indian and Spanish—the *mestizos*.

Día de los Reyes (dee'-ah theh lohs rray'-ehs), m. Day of the Three Kings (Epiphany), January 6.

empanaditas (em-pah-nah-thee'-tahs), f.pl. Small turnovers.

Epiphany. Literally, "manifestation." The first manifestation of Christ on the twelfth night after Christmas when the Three Kings venerated the infant Jesus.

evergreen Christmas tree. A conifer that bears leaves throughout the year. It is a symbol of survival. The evergreen Christmas tree was a tradition from the Middle Ages in Germany. Evergreens were used for ancient Yule decorations along with wreaths of ivy, holly, and mistletoe. Decorating trees goes back thousands of years and through many cultures. Both Romans and Druids decorated trees in honor of their gods. Ancient Egyptians adorned their temples and houses with date palm fronds (leaves). It was in medieval Germany, however, that the custom acquired a Christian context.

farolito (fah-roh-lee'-toh), m. A small lantern.

¡Felices Pascuas! (feh-lees'-sehs' pah'-skwahs). Merry Christmas!

¡Feliz Navidad! (feh-lees' nab-bee-thahth'). Merry Christmas!

¡Feliz Año Nuevo! (feh-lees' ah'-ñyoh neub'-boh). Happy New Year!

feria (fey'-ree-ah), f. A fair or annual meeting of sellers and buyers.

fiesta (fee-ess'-tah), f. Feast, entertainment, or festival.

Flor de Noche Buena (flohr theh noh'-cheh bweh'-nah). f. A poinsettia, literally, "Flower of the Good Night" (Christmas Eve).

frankincense. An aromatic incense employed by the ancients for embalming, for medicinal purposes, and for use in religious ceremonies.

heno (eh'-noh), m. Spanish moss used to decorate Nativity scenes or *posada* celebrations in Mexico.

hojalatero, ra (oh-hah-lah-teh'-roh, rah), m. or f. Tin crafter.

Huitzilopochtli (wee-tse-loh-pohch'-tlee), m. The Aztec Sun God.

jarro (hah'-rroh), m. A large earthenware cup used to make hot chocolate.

jícama (hee'-kah-mah), f. A slightly sweet root vegetable.

La Morenita Bella (lah mo-ray nee'-tah vay'yah), f. The Dark Beauty (The Lady of Guadalupe).

La Madre del Pueblo de la Raza (lah mah'-dray thehl poo-ay'-blo theh lah rah'-zah), f. The Mother of the People of the Race (The Lady of Guadalupe).

letanía (leh-tahn-nee'-ah), f. Litany, a form of prayer.

listones (lees-tohn'-ehs). m. pl. Ribbons.

mariachi (mahr-ee-ah'-chee), m. *Mariachi* music is recognized as the music of Mexico. It is a combination of strings, brass, and voices. Possible additions are the flute, clarinet, and mandolin. The attire of a group (usually three to twelve players) consist of matching *charro* outfits.

Malinche, la (Mah-leen'-cheh, lah). Historically she was an Aztec princess and the daughter of a chief. She served as a strategist, diplomat translator and concubine for Hernán Cortés. It is believed that she was the first Indigenous person in "New Spain" to become Christianized. She represents the force of good in *Los Matachines* dance drama.

Misa del Aguinaldo (mee'sah thehl ah-ghee-gnawl'-doh). "Gift Mass."

Misa del Gallo (mee'-sah thehl guy'-yoh). Midnight mass on December 24th, literally, "Mass of the Rooster."

mistletoe. Aerial parasites widely used for Christmas decorations. The custom of kissing under mistletoe originated among early Europeans and Druids, to whom mistletoe was sacred. It was thought to cure many ills, and was associated with folklore and superstition.

milagro (me-lah'-gro), m. Miracle. Offering (of any substance) hung up in churches in commemoration of a miracle.

mole (moh'-leh), m. Traditional dish of the season, made with chicken, turkey, or pork in a chile-chocolate sauce.

molinillo (moh-lee-nee'-yoh), m. A wooden churning staff with carved rings, made especially for beating chocolate.

Monarca, el (Mo-nar'-cah, el), m. Monarch. Moctezuma is the Aztec monarch who is Christianized during *Los Matachines* dance movements.

myrrh. (See frankincense.)

nacimiento (nah-see-myehn'-toh), m. Nativity scene or creche.

New Year's Day. This holiday is the midpoint of the Twelve Days of Christmas. It retains many pagan vestiges: the veneration of evergreens (a symbol of survival), the burning of the Yule Log, and the pledging of good resolves.

Navidad (nah-bee-thahth'), f. Christmas.

Noche Buena (noh'-cheh bweh'-nah), f. Christmas Eve, literally, "Good Night."

nopal (no-pahl'), m. Fleshy oval joint of a cactus of the Opuntia genus.

novena (no-vee'-nah), f. Term of nine days dedicated to some special worship.

novios (noh'-byohs), m.pl. Hearts made out of various materials and exchanged by sweethearts on the Day of the Dead.

ojo de dios (oh'-hoh theh thyohs), m. God's eye, often used as a Christmas ornament.

oremos (oh-ray'-mos). "We pray thee."

pachuco, ca (pah-choo'-koh, kah), m. or f. A term applied to zoot-suited youth from urban areas such as Los Angeles, El Paso, and other cities during the 1940s.

pan dulce (pahn thool'-seh), m. Sweet bread.

palma (pahl'-mah), f. Trident, a three-pronged wand carried by *matachines* dancers.

paño (pahn-ñyo), m. Handkerchief.

papel picado (pah-pehl' pee-kah'-tho), m. Cut or perforated tissue paper banners used as decorations on holidays and other festive occasions; literally, "perforated paper."

pastor (pahs-tor'), m. Shepherd.

pastorela (pas-stoh-reh'-lah), f. A play set in the countryside that portrays the struggle between good and evil.

pignatta (peen-ñyah'-tah), f. An Italian *piñata.*

pavo (pah'-boh), m. Turkey, a traditional Christmas dinner prepared in a variety of ways.

piñata (peen-ñyah'-tah), f. A fanciful figure made from papier mâché or a clay pot. It is decorated with tissue paper, and filled with toys and sweets. It is broken by children and adults during Christmas, birthdays, or other special occasions. *Piñatas* are toys made to be broken.

promesa (pro-may'-sah), f. A promise or offering. *Matachines* dance in fulfillment of their individual promises, and in thanksgiving on behalf of their community.

piñon (peen-yohn'), m. The pine-nut seed or kernel, which ripens in the crevices of pine cones throughout the Southwest.

pintos (peen'-tohs), m.pl. Prison inmates.

poncho (pohn'-choh), m. A man's sleeveless jacket.

posada (poh-sah'-thah), f. A re-enactment, for nine consecutive nights, of Joseph's and Mary's search for lodging in Bethlehem. This later would become "Las Posadas."

pueblo (poo-ay'-blo), m. Town or village, or any inhabited place.

guaje (goo-ah'-heh), m. A calabash gourd used for a rattle by *matachines.*

rebozo (reh-boh'-soh), m. A long scarf used as a shawl.

respaldo (res-pahl'-doh), m. A cape or scarf that hangs down the back of *matachines* dancers or *el Monarca.*

resplandor (res-plahn-thor'), m. Brillancy, luminosity. The aura surrounding The Lady of Guadalupe.

Rosca de Reyes (rroh'-skah theh rray'-ehs), f. A ring-shaped loaf eaten at Epiphany; literally, "ring bread of the kings."

santo, a (sahn'-toh, tah), m. or f. The image of a saint.

sarape (sah-rah'-peh), m. Serape. Mexican blanket.

santera, o (sahn-teh'-ra, o), f. or m. Carver of saints. Practitioner of a traditional art form involving the creation of images of saints either from wood or as paintings.

sombrero (sohm-breh'-roh), m. Hat.

sopaipilla (soh-paee-pee'-yah), f. A fried bread often served with meals or as dessert in New Mexico.

tejocote (teh-ho-ko'-teh), m. Hawthorn berry.

Tenochtitlán (teh-noch-tee-tlan'). Mexico City.

Tepeyac (teh-peh-yak'). A hill on the outskirts of Mexico City where The Lady of Guadalupe is said to have appeared to Juan Diego in December, 1531.

tilma (teel'-mah), f. A hand-made cloak. The image of The Lady of Guadalupe is said to have been miraculously imprinted on the *tilma* worn by Juan Diego.

Toro, el (toh'-roh, el), m. The bull. He represents the evil force in *Los Matachines* dance drama.

tortilla (tohr-tee'-yah), f. A thin pancake made from corn meal or flour.

villancico (bee-yahn-see'-koh), m. Spanish Christmas carol.

Yule Log. The German word "Yule" refers to the turning of the season after the winter solstice. Central to this celebration was the lighting of the Yule log, which symbolizes warmth and light after the cold and darkness of winter. It is believed that the Yule log embers avert lightning, cure ailments, and bring good luck in the coming year.

zapote (zah-poh'-teh), m. A sapodilla plum.

Bibliography

Anaya, Rudolfo. *Bless Me, Ultima*. Berkeley: Tonatiuh International, 1975.

_____. *Matachines: A Dance Drama*. Play—not yet performed, 1990.

Benítez, Ana M. de. *Cocina prehispánica*. Mexico City: Ediciones Euroamericanas, 1974.

Bierhorst, John, trans. *Spirit Child: A Story of the Nativity*. New York: William Morrow & Company, 1984.

Champe, Flavia W. *The Matachines Dance of the Upper Rio Grande: History, Music, and Choreography*. Lincoln: University of Nebraska Press, 1983.

Chávez, Denise. "Our Lady of Guadalupe." In *New Mexico Magazine*, December 1986, pp. 55-63.

Covarrubias, Luis. *Mexican Native Arts and Crafts*. Mexico City: Alicia H. de Fischgrund, 1978.

Davidson, Gustav. *A Dictionary of Angels, Including The Fallen Angels*. New York: The Free Press, 1967.

Díaz de Castillo, Bernal, 1568. *The True History of the Conquest of Mexico*. Translated by Maurice Keatinge, London, 1800. Reprinted New York: Robert M. McBride & Company, 1927.

Diccionario básico Espasa, 6th ed., 5 vols. Madrid: Espasa-Calpe, 1985.

Diccionario enciclopédico ilustrado Sopena, 5 vols. Barcelona: Editorial Ramón Sopena, 1977.

Diccionario Kapelusz de la lengua española. Buenos Aires: Editorial Kapelusz, 1979.

Dundes, Alan. "Folklore as a Mirror of Culture." In *Elementary English* 46 (1969):471-482.

Dunnington, Jaqueline. *Guadalupe in the Folklore of New Mexico*. Unpublished manuscript, Santa Fe, 1990.

_____. "Nuestra Señora de Guadalupe in New Mexico." *Fish Drum Magazine*, Issue No. 5, Santa Fe, 1989.

Enciso, Jorge. *Design Motifs of Ancient Mexico*. New York: Dover Publications, 1953.

Ets, Marie Hall, and Aurora Labastida. *Nine Days to Christmas: A Story of Mexico*. New York: Viking Press, 1959.

Encyclopedia Britannica. Chicago: William Benton Publisher, 1969.

Evans, Bessie, and May G. Evans. *American Indian Dance Steps*. New York: D.S. Barns, 1931.

Juska, Jane. "Levitation, Jokes and Spin the Bottle: Contemporary Folklore in the Classroom—A Teacher's View." In *English Journal*, February 1985, pp. 37-39.

Kloeppel, Richard Joseph. "Los Matachines—A Dance Drama for San Lorenzo." Bernalillo, New Mexico: mimeographed, 1968.

Kurath, Gertrude, and Antonio Garcia. *Music and Dance of the Tewa Pueblos*. Santa Fe: Museum of New Mexico Press, 1970.

Lafaye, Jacques. *Quetzalcoatl and Guadalupe. The Formation of Mexican National Consciousness, 1531-1813*. Translated by Benjamin Keen. Chicago: University of Chicago Press, 1976.

León-Portilla, Miguel. *Broken Spears: The Aztec Account of the Conquest of Mexico*. Boston: Beacon Press, 1969.

Linse, Barbara. *Art of the Folk*. Larkspur, California: Art's Books, 1980.

Lomas Garza, Carmen. *Papel Picado: Paper Cutout Techniques*. Mesa, Arizona: Xicanindio Arts Coalition, 1984.

Mendoza, Vicente T. *Lírica infantil de México*. Mexico City: Fonda de Cultura Económica, 1980.

New Catholic Encyclopedia, Vols. I and II. New York: McGraw Hill Co., 1967.

Ortega, Pedro Ribera. *Christmas in Old Santa Fe*. Santa Fe: Sunstone Press, 1973.

Pettit, Florence H., and Robert M. Pettit. *Mexican Folk Toys*. New York: Hastings House Publisher, 1978.

Pillsbury, Dorothy. "Luces de la Navidad" (Christmas Lights). In *New Mexico Magazine*, December 1984, pp. 37-43.

Ramírez, Mora, and Charles Ramírez. "The Legend of the Poinsettia." In *Nuestro*, December 1985, pp. 36-39.

Ross, Corinne. *Christmas in Mexico*. Chicago: World Book Encyclopedia, 1976.

Rubluo, Luis. "Christmas during the First Century after the Conquest." In *Artes de México* 157 (1972):92-93.

———. "Christmas in Old Mexico." In *Artes de México* 157 (1972):24.

———."The Celebration of Christmas in Sixteenth Century Mexico." In *Artes de México* 157 (1972):97.

———. "The Pastoral: Past and Present." In *Artes de México* 157 (1972):24-25.

———. "Posadas." In *Artes de México* 157 (1972):25-26.

Sahugún, Fray Bernardino de. *Florentine Codex: General History of the Things of New Spain*. Translated by Arthur J.O. Anderson and Charles E. Dibble. Pt. 9, bk. 8. Santa Fe: School of American Research and University of Utah, 1954.

Salinas-Norman, Bobbi. *Salinas-Norman's Bilingual A B C's*. Oakland, California: Piñata Publications, 1986.

———. *Indo-Hispanic Folk Art Traditions II/Tradiciones Artesanales Indo-Hispanas II*. Albuquerque: Piñata Publications, 1990.

Santamaría, Francisco J. *Diccionario de mejicanismos,* 3rd ed. México City: Editorial Porrúa, 1959.

Seldar, John. *Modern Southwest Cuisine.* New York: Simon and Schuster, 1986.

Shoemaker, Kathryn E. *Creative Christmas—Simple Crafts from Many Lands.* Minneapolis: Winston Press, Inc., 1978.

Simon, Elizabeth Radin. "Levitation, Jokes and Spin the Bottle: Contemporary Folklore in the Classroom—A Folklorist's View." In *English Journal,* February 1985, pp. 33-36.

Staples, Beatriz Romero. "Luminarias—New Mexico's Gift to the World." In *New Mexico Magazine,* December 1977, pp. 31-32+.

Sunset Mexican Cookbook. Menlo Park, California: Lane Publishing Company, 1977.

Toor, Frances. *A Treasury of Mexican Folkways.* New York: Crown Publishers, Inc., 1947.

Torres, Larry. "Qué bueno que todavía tenemos a los Matachines." In *El Crepúsculo—The Taos News,* December 28, 1989, p. A12.

Trenchard, Kathleen W. *Papel Picado: Mexican Paper Cutting.* San Antonio, Texas: Unpublished book, 1989.

by Juanita Treviño, age 6

26. Pastora
(Annette)
Bobbi Salinas
Cartoncillo, plumas de punta
de felpa, pelambre artificial

Shepherdess
(Annette)
Bobbi Salinas
Posterboard, felt-tipped
pens, fake fur

27. Arbol de Navidad móvil
(María Carmela)
Bobbi Salinas
Cartoncillo, adornos,
papel de regalo, lazos

Mobile Christmas tree
(María Carmela)
Bobbi Salinas
Posterboard, ornaments,
gift wrap, bows

28. Los Tres Reyes Magos
Bobbi Salinas
Garbanzos fritos, papel de
aluminio, algodón, estambre,
y cinta zig-zag

The Three Kings
Bobbi Salinas
Fried garbanzo beans, foil paper,
cotton, yarn, rickrack

23. Arbol de Navidad en forma de saguaro
ornamentado
Bobbi Salinas
Cartoncillo de seis láminas, cuerdas y
ornamentos navideños

Saguaro Christmas tree with ornaments
Bobbi Salinas
6-ply posterboard, string, ornaments

24. Luminarias y/o farolitos
Bobbi Salinas
Región suroeste de los Estados
Unidos, comercial, y tradicional

Luminarias and/or farolitos
Bobbi Salinas
Southwest, commercial, and traditional

25. Buñuelos, sopaipillas, atole
La panadería de Helen
Albuquerque, Nuevo México

Buñuelos, sopaipillas, atole
Helen's Bakery
Albuquerque, New Mexico

20. ¡Una Estrella persiguiendo a otra estrella!
    (Eva)
    Bobbi Salinas

    A Star following a star!
    (Eva)
    Bobbi Salinas

21. Calendario de diciembre y guirnalda
    de chalas
    Bobbi Salinas

    December calendar and corn
    husk garland
    Bobbi Salinas

22. Arbol de la vida
    Bobbi Salinas
    Platos de papel, papel "arte,"
    plumas de punta de felpa

    Tree of Life
    Bobbi Salinas
    Paper plates, art paper,
    felt-tipped pens

16. Los Tres Reyes Magos
    (Todd, Julian, Ian)
    Bobbi Salinas

The Three Kings
(Todd, Julian, Ian)
Bobbi Salinas

El Rey Gaspar
(Michael)
Bobbi Salinas
Papel de estraza, plumas de punta
de felpa, papel de aluminio

King Gaspar
(Michael)
Bobbi Salinas
Posterboard, felt-tipped
pens, foil paper

18. El Rey Baltasar
    (Michael)
    Bobbi Salinas
    Papel de estraza, plumas con punta
    de felpa, papel de aluminio

King Balthazar
(Michael)
Bobbi Salinas
Posterboard, felt-tipped
pens, foil paper

19. El Rey Melchior
    (Michael)
    Bobbi Salinas
    Papel de estraza, plumas de punta
    de felpa, papel de aluminio

King Melchior
(Michael)
Bobbi Salinas
Posterboard, felt-tipped pens,
foil paper

14. Santa Claus marrón, rojo y negro
 (Julian, Jeremy, Ian)
 Bobbi Salinas
 Cuentas de "turquesa" hechas de goma espuma
 rígida color azul (envases para huevos o bandejas para pescado)
 Detalles con plumas con punta de felpa (punto fino), colores
 negro, marrón y rojo

 Los Santa Clauses son: indo-hipánico,
 norteamericano nativo, y africano-americano.

Brown, Red and Black Santas
(Julian, Jeremy, Ian)
Bobbi Salinas
"Turquoise" beads crafted out of
styrofoam (egg carton or fish tray),
detailed with black, brown and red
felt-tipped pens (fine point)

The Santa Clauses are: Indo-Hispanic,
African American, and Native North
American.

15. Reno
 (Natasha)
 Bobbi Salinas
 Mural de papel de estraza con
 fotocopias de vasijas de barro

 Reindeer
 (Natasha)
 Bobbi Salinas
 Butcher paper mural, including
 xeroxed copies of clay pots

11. Escena navideña
    Bobbi Salinas
    Arcilla, pintura al temple, estambre

    Nativity scene
    Bobbi Salinas
    Clay, tempera paint, yarn

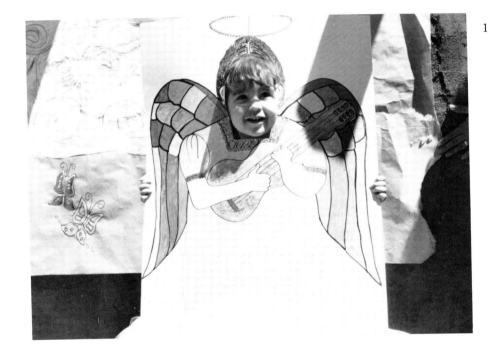

12. Angel
    (Annette)
    Bobbi Salinas
    Cartoncillo, plumas con
    punta de felpa

    Angel
    (Annette)
    Bobbi Salinas
    Posterboard, felt-tipped
    pens

13. Angel
    (María Carmela)
    Bobbi Salinas
    Tela, cartoncillo,
    pluma de chispitas metalicás,
    plato de papel

    Angel
    (María Carmela)
    Bobbi Salinas
    Fabric, posterboard,
    glitter pens, paper
    plate

8. Máscara usada en Las Posadas
   Bobbi Salinas
   Gasa enyesada, pintura al temple,
   pelambre artificial

   Las Posadas mask
   Bobbi Salinas
   Plaster of Paris gauze, tempera paint,
   fake fur

9. Escena navideña
   (Ian, Julian, Eva, Todd, y amigos)
   Bobbi Salinas
   Mural, disfraces, esculturas de animales

   Nativity scene
   (Ian, Julian, Eva, Todd and friends)
   Bobbi Salinas
   Mural, costumes, sculptured animals

10. Piñata "Estrella de Belén"
    Artista desconocido
    Albuquerque, Nuevo México
    Cartón piedra, papel de China, y
    papel de aluminio

    Star of Bethelehem Piñata
    Artist unknown
    Albuquerque, New Mexico
    Papier mâché, tissue paper, and
    foil paper

7. Los Matachines
    Escuela Primaria de Chimayó
    Chimayó, Nuevo México
    Maestro, Joseph Pacheco

Los Matachines
Chimayó Elementary School
Chimayó, New Mexico
Teacher, Joseph Pacheco

6. Matachín y la Malinche
   Miguel Gandert
   San Antonito, Nuevo México,1989

   Matachine and La Malinche
   Miguel Gandert
   San Antonito, New Mexico, 1989

4. Pañuelo
    Walter R. Baca
    Albuquerque, Nuevo México
    Colección personal de Rudy Padilla
    Pañuelo, plumas

    Paño art
    Walter R. Baca
    Albuquerque, New Mexico
    From Rudy Padilla's private collection
    Hankerchief, pens

5. La Virgen y Juan Diego
    (Lori y Camilo)
    Bobbi Salinas

    The Lady and Juan Diego
    (Lori and Camilo)
    Bobbi Salinas

2. Retrato de la artista como la
   Virgen de Guadalupe
   Yolanda M. López
   San Francisco, California
   Pastel de óleo sobre papel 33 x 25

   Portrait of the artist as the
   Lady of Guadalupe
   Yolanda M. López
   San Francisco, California
   Oil pastel on paper 33 x 25

3. Retrato de la abuela materna de
   la artista,
   Victoria F. Franco, como la
   Virgen de Guadalupe
   Yolanda M. López
   San Francisco, California
   Pastel de óleo sobre papel 33 x 25

   Portrait of the artist's maternal
   grandmother,
   Victoria F. Franco, as the
   Lady of Guadalupe
   Yolanda M. López
   San Francisco, California
   Oil pastel on paper 33 x 25

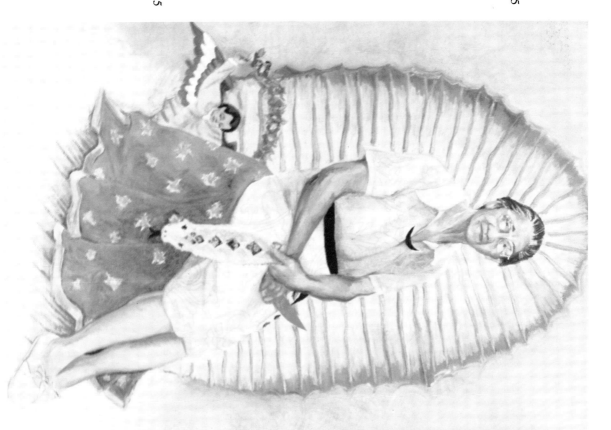

La Sra. López se concentra en el poder espiritual de la Guadalupana como fuente de poder para la mujer, mientras que, al mismo tiempo, es símbolo de la opresión colonial. Al incorporar su retrato y al de su abuela en la imagen de la Guadalupana, desmistifica el poder de la iglesia sobre la mujer indo-hispana.

Ms. López focuses on the spiritual power of the Lady of Guadalupe as a source of empowerment for women, while at the same time, she is a symbol of colonial oppression. By incorporating portraits of herself and her grandmother with the image of the Lady of Guadalupe, she demystifies the power of the church over Indo-Hispanic women.

La editora, autora, y artista, Bobbi Salinas.

Publisher, writer, and artist, Bobbi Salinas.

Algunas de las fotografías que aparecen a continuación fueron tomadas en la Escuela Dolores Gonzales de Albuquerque, Nuevo México. Abrazos a todo el personal y enormes abrazos a las "estrellas" (estudiantes) que participaron.

Some of the following photographs were taken at Dolores Gonzales Elementary School in Albuquerque, New Mexico. Abrazos to the staff, and humongous hugs to the "stars" (students) who participated.

Eva Cantú, 3rd grade, Longfellow Elementary
Jeremy Clark, 3rd grade, Dolores Gonzales Elementary
Lori Clark, 4th grade, Dolores Gonzales Elementary
Ian Johnson, 5th grade, Longfellow Elementary
Todd Johnson, 6th grade, Longfellow Elementary
Natasha Lomelí, 3rd grade, Dolores Gonzales Elementary
Annette Luján, age 2.,
Michael Luján, 5th grade, Reginald F. Chávez Elementary,
Julian Urquhart, 6th grade, Longfellow Elementary,
María Carmela Mondragón, age 2.